Karl Victor Riecke

Altwirtembergisches aus Familienpapieren zum Besten des Lutherstifts

Einer Erziehungsanstalt für Pfarrersöhne

Karl Victor Riecke

Altwirtembergisches aus Familienpapieren zum Besten des Lutherstifts
Einer Erziehungsanstalt für Pfarrersöhne

ISBN/EAN: 9783743439665

Hergestellt in Europa, USA, Kanada, Australien, Japan

Cover: Foto ©Lupo / pixelio.de

Manufactured and distributed by brebook publishing software (www.brebook.com)

Karl Victor Riecke

Altwirtembergisches aus Familienpapieren zum Besten des Lutherstifts

Altwirtembergisches

aus

Familienpapieren

zum Besten

des Lutherstifts, einer Erziehungsanstalt für Pfarrerssöhne,

veröffentlicht von

Karl Riecke.

Mit dem Bilde von Karl Friedrich Haug.

Stuttgart.
Druck und Verlag von W. Kohlhammer.
1886.

Vorwort.

Karl Friedrich Haug, welcher, wie noch vielen der Zeitgenossen in dankbarer Erinnerung ist, während der 4 Jahrzehnte von 1820 bis 1859 an der Landesuniversität Tübingen den Lehrstuhl für Geschichte inne hatte, war bei seinen Lebzeiten nicht zu bestimmen, viel durch den Druck zu veröffentlichen und hat auch kaum etwas Druckfertiges hinterlassen.

Den Schwerpunkt seiner akademischen Thätigkeit suchte und fand er im Hörsaale, in den gesprochenen Vorträgen vom Katheder herab. In den letzten 10 Jahren wurden selbst diese Vorträge von ihm nicht mehr niedergeschrieben. Die große Sorgfalt, mit welcher doch auch gerade sie vorbereitet wurden, zeigen jetzt nur noch die für jede einzelne derselben gesammelten reichen Notizen und das für sie skizzierte äußere Gerippe.

Nach dem Rücktritt vom Lehramte hatte Haug sich mehr und mehr der Geschichte seiner Familie zugewendet, freilich in der Art, daß er an dem Leben seiner Vorfahren überall zugleich die Geschichte ihrer Zeit wieder zu erkennen wußte. Allmählich immer weiter zurückgehend in die Vergangenheit, teilweise bis zur 18. Generation vor ihm, ist er dann insbesondere bei der 9., 10. und 11. Generation auf die Reformation und die größere Zahl derjenigen Männer gestoßen, welche sich um ihre Einführung und Durchführung in Altwirtemberg besonders verdient gemacht haben, auf einen Johannes Brenz, Erhard und Dietrich Schnepf, Matthäus Alber, Jakob Heerbrand, Jakob Andreä u. and. Auch die Ergebnisse dieser Studien aber, so umfassend dieselben angelegt und so vollständig, ja fast lückenlos sie zu einem Abschlusse gediehen sind, hatten doch gleichfalls nicht diejenige Form erhalten, daß sie nun ohne weiteres hätten gedruckt werden können. Auch sie blieben daher seither, beinahe vergessen, liegen, bis es zu Anfang des letzten Winters mir, als einem der Schwiegersöhne Haugs, endlich möglich wurde, die in Stammbaumform angelegten Aufzeichnungen wieder hervorzusuchen und näher anzusehen.

Es ist von vornherein ein von der sonst üblichen Anlage solcher Familienstammbäume wesentlich verschiedenes Bild, welches man hier empfängt. Nicht die Person des ersten Hauptes und Gründers der Familie bildet hier den Stamm und Ausgangspunkt, von welchem aus sich, als Hauptäste und Zweige eine schöne Krone darstellend, die einzelnen Linien in weiter Ausdehnung verbreiten.

Die hier vorliegenden Stammtafeln verfolgen vielmehr eine geradezu entgegengesetzte Richtung. Wohl tritt uns in denselben in der Person von Karl Friedrich Haug gleichfalls das verehrungswürdige Familienhaupt entgegen, an welches sich brüderlich ein zweiter Stamm anlehnt, ausgehend von Gustav Ferdinand Haug, dem 1864 zu Leonberg gestorbenen Dekan. Aber diesmal sollten wir nicht die frisch grünenden oder vereinzelt auf schon wieder erstorbenen Äste und Zweige beider Stämme in das Auge fassen. Sondern Karl Friedrich Haug hat in die Tiefe gegraben und die festen Wurzeln dieser Stämme weithin bloß gelegt. Die auf diesem Wege gewonnene Ausbeute aber war in der That eine überraschende und lohnende.

Beim Beginn mit der Durchsicht der Familienpapiere hatte mich nur der Gedanke geleitet, sie vielleicht den nächsten Angehörigen zugänglicher machen zu können. Als ich mich dann aber mehr und mehr in die Arbeit vertiefte und dabei die Gelegenheit hatte, mich zu überzeugen, mit welcher Gründlichkeit und Sorgfalt von seiten meines Schwiegervaters verfahren worden war, und als ich auch selbst mit dem Gegenstand immer vertrauter wurde bei eigener Benützung der seit 17 Jahren hinzugekommenen neuen Litteratur, — da gewann allerdings zunächst bei mir die Ansicht allmählich Raum, daß die Arbeit vielleicht noch für weitere Kreise ein Interesse haben möchte, daß vielleicht durch diese verspätete Gabe aus der Hand von Karl Friedrich Haug doch noch dem einen oder andern seiner anhänglichen Schüler eine Freude bereitet werden könnte.

Für die Hinterbliebenen gab den entscheidenden Ausschlag die Hoffnung, daß durch die kleine Schrift zugleich der in der Gründung begriffenen Erziehungsanstalt für Pfarrersöhne unseres Landes, dem so benannten Lutherstifte, möglicherweise einiger Vorschub geleistet werden dürfte.

In dieser Hoffnung haben sie die Scheu überwunden, Papiere zu veröffentlichen, die an sich nur für den engeren Kreis der Familie bestimmt waren. Dieselben werden veröffentlicht mit wenigen Kürzungen im ersten Abschnitt und unter besonderem Titel, geschmückt mit dem Bilde von Karl Friedrich Haug und gedruckt auf Papier aus der Fabrik seines Sohnes, zu Ehren seines Gedächtnisses und in dankbarer Erinnerung an die ehrwürdigen Stammväter, insbesondere aus dem Pfarrerstande Altwirtembergs.

Stuttgart, den 4. Mai 1886.

Karl Riecke.

Inhaltsübersicht.

	Seite
Vorwort	3
I. Die Familien Haug-Kommerell	7
II. Die Familie Märklin	23
III. Die Familien Rapp, Prinz, — Wagner, Nicolai, — Sattler, — Gaisberger, Kühorn, Mager, Mezger, — Hermann	39
IV. Die Familien Raith. — Rümelin, Harprecht, Andreä, — Zeller, Schwarz, Mögling, Alber, — Ölenheinz, Heerbrand, Schnepf und Brenz	58
Anhang. Stammtafeln	97
Personen-Register	106

I.

Die Familien Haug-Kommerell.

Der Wanderer, welcher von Badenweiler aus Schloß Bürglen erreicht hat und in dem hochgelegenen Garten der einstigen Kommenthurei des Stifts St. Blasien kurze Rast hält, läßt wohl zuerst den Blick hinüber schweifen zu den ihm entgegenglänzenden Silberhörnern der schweizerischen Hochalpen. Oder er wendet sein Auge dem Jura und den Vogesen, dem südlichen Elsaß und dem deutschen Rheine zu. Zuletzt aber, nachdem auch Basel und dessen Dom noch gestreift worden, verweilt er gerne bei dem freundlichen Landschaftsbilde, das fast unmittelbar zu seinen Füßen sich ausbreitet.

> O, wie wechsle Berg und Thal,
> Land und Wasser überal,
> 's Bürglen uf der Höh!

Da unten, mitten in dem waldbewachsenen Berglande, liegt zunächst vor uns Kandern. Zieht man von diesem Ort in gerader Richtung nach Osten eine Linie, ungefähr gleich lang, wie die Entfernung von Bürglen, so trifft dieselbe an ihrem anderen Endpunkte auf das aus mehreren einzelnen Wohnplätzen gebildete Pfarrdorf Tegernau. Hinter dem nächsten Bergrücken liegt dann auch Hausen, wo der am 10. Mai 1760 zu Basel geborene Johann Peter Hebel seine Kinderzeit verlebte, und das Wiesenthal mit Lörrach, der Schauplatz seines ersten Wirkens, dem er seine schönsten Dichtungen gewidmet hat. Aus dem Dunkel des Mittelalters haben beglaubigte

Urkunden den Namen eines edlen Geschlechts von Tegernau uns gerettet. Streitigkeiten über das Recht auf den Zehnten daselbst mußten in grauer Vorzeit in Basel zum Austrag gebracht werden. Obgleich rings umgeben von den vorderösterreichischen Landen und dem Bistum Konstanz, haben doch die Bewohner dieser Gegend sich frühe zu der evangelischen Lehre bekannt.

Dort, in Tegernau, lebte in der ersten Hälfte des achtzehnten Jahrhunderts der Schulmeister **Jakob Haug**.

Den Namen Haug leitet der sprachkundige Pott (Die Personen-Namen, Leipzig, 1853 S. 209) ab von hugu, was soviel bedeuten soll als Geist, d. i. nicht bloß Atem, Hauch, sondern Verstand, und zwar in dem Sinn von starker, kräftiger Geist. So werden von hugu noch weiter abgeleitet die Namen: Hug, Hugo, Haugk, Haugwitz, — Hügel, Hubert d. i. Hugiberth, Hogarth, Howard, Huard.

Einen Stadtschreiber, Alexander Hug von Calw, später von Pforzheim, führt Chr. Fr. Stälin im III. Band seiner wirtembergischen Geschichte S. 777 auf als Verfasser der „Rhetorica und Formulare, beinach alle Schreiberei betreffend," aus dem Ende des fünfzehnten Jahrhunderts. Um diese Zeit wäre dann nach einer Bemerkung in Grimms Deutscher Grammatik I. T. 3. Ausg. S. 62 an die Stelle des „u" der Diphthong „au" getreten. Gilt dies im allgemeinen für die oberdeutschen Mundarten, so doch gerade nicht für das Alemannische, welches das reine „u" hier bewahrt hat, z. B. in den Namen des 1764 zu Lörrach geborenen berühmten Rechtslehrers Hugo (Allg. Deutsche Biographie XIII S. 321) und des 1765 von Konstanz gebürtigen katholischen Theologen Hug (a. a. O. S. 303). Dagegen liegt die Heimat der bekannteren Haug auf der östlichen wirtembergischen Seite des Schwarzwalds. Der vielseitige Balthasar Haug, Professor an der hohen Karlsschule zu Stuttgart, Herausgeber des „Schwäbischen Magazins" und des „Gelehrten Wirtemberg" 1790, ist im Jahr 1731 zu Stammheim bei Calw geboren. Er war der Vater des gleichviel genannten Dichters und witzigen Epigrammatikers Friedrich Haug. Und auch die Wiege des Orientalisten Martin Haug stand auf dieser Seite des Schwarzwalds, zu Ostdorf bei Balingen (Allg. Deutsche Biographie XI. S. 50, 51, 54).

Man könnte hierauf die Vermutung gründen, daß der Schulmeister Jakob Haug von Tegernau oder vielleicht schon einer seiner Vorfahren gleichfalls von der wirtembergischen Seite aus nach der badischen Mark hinübergewandert sei. Indessen ist ein Verwandtschaftsverhältnis zu jenen Namensvettern nirgends angedeutet oder gar erwiesen.

Der Schulmeister Jakob Haug in Tegernau war verheiratet mit Katharina Barbara Bickel. Sie hatten sechs Kinder, drei Söhne und drei Töchter. Einer der Söhne hieß Jakob, wie der Vater. Der jüngste, Christlieb, wurde am Sonntag Quasimodogeniti 1758 in der Stiftskirche zu Stuttgart konfirmiert und betrieb später das Schlosserhandwerk in Colmar. Nach Stuttgart war er dem ältesten Bruder gefolgt.

Dieser, **Johann Friedrich Haug**, geboren ums Jahr 1730, hatte von 1745 bis 1748 zu Lörrach im Wiesenthal die Schlosserei und Uhrmacherkunst erlernt und war auf der Wanderschaft im Jahr 1750 nach Ludwigsburg gekommen, wo er etwa 1758 das Meisterrecht erlangte. Nach dem Tode des Vaters, 1750, und der Mutter, 1754, scheint er den jüngsten Bruder Christlieb zu sich genommen zu haben.

Im Jahr 1715 noch ein Jagdschloß auf dem zum evangelischen Kirchengut gehörigen Erlachhof, war Ludwigsburg 1717 mit einmal zur Stadt und 1724 zur alleinigen und beständigen Residenz des Herzogs Eberhard Ludwig erhoben, nach dessen Tod 1733 aber ebenso schnell wieder vom Hof verlassen worden, so daß die Einwohnerzahl bald von 6000 auf kaum 2000 wieder sank. Erst 1764 erlebte die Stadt eine zweite Blütezeit, als auch Herzog Karl seine Residenz dorthin verlegte, bis 1775 der Herzog, der Hof und die Regierung nach Stuttgart zurückkehrten, gleichzeitig mit der Karlsschule, welche Herzog Karl 1770 auf der Solitude gegründet hatte. Wie man sich um jene Zeit Stuttgart und das Leben daselbst zu denken hat, davon verdanken wir Julius Klaiber in dem Vortrag „Stuttgart vor hundert Jahren" ein recht anschauliches Bild. Einzelnen der Personen, mit welchen uns der 1786 in Ludwigsburg geborene Justinus Kerner durch das „Bilderbuch aus seiner Knabenzeit" bekannt machte, ist auch wohl schon Johann Friedrich Haug dort begegnet.

Des letzteren Niederlassung in Ludwigsburg fällt in die Zeit, da der Hof weg war. Aber kurz nachdem auch Herzog Karl dort wieder seine Residenz genommen, erfolgte die Bestallung Johann Friedrichs als Hofinstrumentenmacher. Von 1772 bis 1776 war er sodann nach Wagners Geschichte der hohen Karlsschule I S. 603 und 610 Lehrmeister der Mathematik, Lehrer der Arithmetik und Geometrie an dieser Anstalt, was er, solang die Karlsschule auf der Solitude untergebracht war, von Ludwigsburg aus besorgen konnte. Wiederholt scheint er jedoch, nach den Nachrichten über die Geburtstage und Konfirmationen seiner Kinder zu schließen, in jenen Jahren auch schon in Stuttgart sich aufgehalten zu haben, bis er 1778 oder 1779 dauernd dorthin übersiedelte. Im Jahr 1790 war sein Ruf jedenfalls schon so fest begründet, daß ihn Balthasar Haug in dem Gelehrten Wirtemberg als „Hofinstrumentenmacher" und „starken" Mechanikus nennen konnte, neben dem „großen" Mechanikus Pfarrer Hahn von Echterdingen, geb. 1739, gest. 1790 (a. a. O. S. 307, 308).

Dieser Johann Friedrich Haug — senior, wie er im Gelehrten Wirtemberg heißt im Unterschied von Haug dem Sohn — muß ein sehr tüchtiger Mann gewesen sein. Vom Vater in Tegernau brachte er eine gewisse pädagogische Anlage schon mit. Bei ihm selbst äußerte sich, wenigstens für unser Wissen zuerst, ein großes mechanisches Talent und Sinn für die Mathematik. Auch verfertigte er musikalische Instrumente, baute selbst Klaviere.

Die erste Gattin Johann Friedrich Haugs, Christine Dorothea, geb. Herdtle, brachte es nur auf ein Alter von 29 Jahren. Als sie am 25. Mai 1766 starb, hatte der Witwer kaum das 36. Lebensjahr zurückgelegt. So entschloß er sich zwei Jahre später zu einem zweiten Ehebund, am 29. August 1768, mit **Charlotte Katharina Sidonie**, der am 24. Februar 1734 zu Ludwigsburg geborenen Tochter des herzoglichen Kammermusikus Joh. Friedrich Christ. **Commerell**.

Der Name Kummerell, seltener Kommerell, später erst Commerell, hat, wie in den hier vollständiger werdenden nachgelassenen Papieren von K. Fr. Haug bemerkt ist, etwas fremdes, fast undeutsches. Er klingt etwa an den Namen einer Ulmer Ratsfamilie an, die Copprelli oder Coprellini, welche von 1254 bis 1333 dort vorkamen. Der älteste nachweisbare Stammvater, auch für die Tübinger Kommerell, ist Fabian (Fabius) Kummerell, auch Kumerer, Commerer, welcher am 16. August 1594, 90 Jahre alt, in Tübingen starb. War er also 1504 geboren, so kann dies allerdings nicht derselbe Commerell gewesen sein, welcher nach einer Sage, die Eifert in der Geschichte der Stadt Tübingen erwähnt, bei dem Zug der Tübinger gegen den „armen Conrad" 1514 jenen das Banner vorgetragen haben soll. Wahrscheinlich war Fabian gar kein geborener Tübinger, sondern von auswärts, wohl von Nagold, dorthin gezogen.

Fabian Kummerell, Bäcker und Ratsverwandter zu Tübingen, lebte seit dem Osterfest 1556 in zweiter Ehe mit Anna, einer Tochter des Hans Seckler von Lustnau (die Seckler kamen auch in Tübingen vor). Doch stammt nicht aus dieser, sondern aus der ersten Ehe des Fabian der 1550 geborene Anastasius Kumerell, welcher 1564 in Tübingen inskribierte und 1570 mit der Magisterwürde, als der vierte seiner Promotion, die Universität verließ. Im Jahr 1581 Pfarrer in dem ritterschaftlichen Neuneck (jetzigen Oberamts Freudenstadt), kam er 1594 als der erste evangelische Geistliche in das für Wirtemberg neu erworbene Kirchentellinsfurt (Oberamtsbeschreibung von Tübingen S. 415) und starb 1611 als Pfarrer in Kilchberg.

Der Pfarrer Anastasius Kumerell war wie sein Vater zweimal verheiratet. Aus der zweiten Ehe mit Maria, einer Tochter des Ratsverwandten und Spitalpflegers Bernhard Kienlin zu Tübingen, welcher dort 70jährig starb, stammte als erstgeborener Sohn Friedrich Burckhard Kummerell, geboren 1580, gestorben 1638, Weißgerber beim krummen Brückle und Ratsverwandter zu Tübingen, 1605 verheiratet mit Maria Salome, einer Tochter des M. Ezechiel Hermann, Pfarrers zu Wannweil, aus einer Reutlinger Familie.

Nach diesem mütterlichen Großvater erhielt der im Dezember 1618 zu Tübingen geborene Sohn des Friedrich Burckhard Kummerell den Namen Johann Ezechiel, ein Name, welcher sich später auch auf des letzteren Neffen Vollmer, den Sohn seiner Schwester und des Stadtschreibers Vollmer zu Waiblingen, vererbte. Während ein älterer Bruder des Joh. Ezechiel Kummerell die Weißgerberei fortbetrieben zu haben scheint und das väterliche

Geschäft noch der dritten und vierten Generation hinterlassen hat, — 2 David K. — ergriff dagegen Joh. Ezechiel selbst das Studium der Medizin. Einmal Licentiat, wurde er bald Stadtphysikus zu Freudenstadt, Waiblingen, Heidenheim, erwarb den Reuterhof bei Bondorf, das heutige Hofgut Reuthin, wo ihm 1680 sein zweiter Enkel geboren wurde. In dem gleichen oder dem darauffolgenden Jahre verlor Joh. Ezechiel die erste Gattin, Anna, Tochter des Müllers Franz Leyrer von Herrenberg. Der 63jährige Witwer trat darauf 1681 nochmals vor den Altar, starb aber bereits 1685. Dessen hinterlassene Gattin Maria Barbara aber heiratete den Diakonus Christoph Enzlin in Urach, den nachmaligen Superintendenten von Reutlingen. Sie selbst war eine Tochter des Hausmeisters David Canstetter zu Tübingen.

Wahrscheinlich war es Johann Ezechiel Kummerell, welchem aus kaiserlicher Vollmacht de dato „in der österreichischen Stadt Göppingen 8. November 1643" der Wappenbrief erteilt worden ist: in rotem Schild ein geharnischter Arm, einen Eichenkranz mit Blättern und Eicheln emporhaltend; ein Stech- oder Turnierhelm mit weiß und roter Decke, darauf derselbe Arm. —

Leider brechen mit Johann Ezechiel die Aufzeichnungen von Karl Friedrich Haug über die Kommerellschen Voreltern ab und es bleibt eine Lücke offen zwischen jenem und dem Kammermusikus Joh. Friedrich Christ. Commerell, Karl Friedrich Haugs Großvater. Nur vermuten kann man, daß der letztere vielleicht der 1680 geborene zweite Enkel des Joh. Ezechiel gewesen sei. Freilich hätte es derselbe dann auf ein sehr hohes Alter gebracht, wenn er nämlich, worauf das Datum der Teilungsakten hindeutet, 1776 gestorben wäre. Haug bemerkt auch bei seinem Namen „97 oder 98" und konnte damit die Jahre meinen, welche er erreichen durfte. Unter dieser Voraussetzung würde nur ein Glied in der Stammtafel fehlen: der Sohn des Johann Ezechiel und Vater des Joh. Friedr. Christian.

Mitteilungen über andere Familienmitglieder mögen hiefür einigermaßen entschädigen.

Gehen wir nochmals zurück auf den Stammvater Fabian Kummerell. Dessen älteste Tochter Veronika, geb. 1562, heiratete 1582 den Marx Löffler von Tübingen. Sollte dieser eine und dieselbe Person mit dem nachmals speierischen Pfleger gleichen Namens zu Löchgau gewesen sein, so wäre die Veronika die

Mutter des aus der Geschichte des dreißigjährigen Kriegs weithin bekannten, um Wirtemberg hochverdienten Kanzlers Dr. Jakob Löffler gewesen (von und zu Reiblingen, des wirtembergischen Orenstierna, gest. zu Basel 1638, — Dienerbuch S. 20). Allgem. Deutsche Biographie XIX S. 105). Eine Schwester des Kanzlers Löffler, Margarethe, wurde 1616 die Gattin des M. Jakob Kummerell, Pfarrers zu Haberschlacht, eines jüngeren Sohns des Anastasius.

Eine zweite Tochter Fabians, Agnes, geb. 1569, hatte seit 1592 den Dr. Erasmus Grüninger zum Ehegemahl, der nach ihrem frühen Tode, 1594, in die höchste geistliche Würde eines Landpropsts zu Stuttgart 1614 eingesetzt wurde und 1632 starb (Dienerbuch S. 135, 137, 312, 543). Diese Würde ist nach 1688 überhaupt nicht mehr verliehen worden.

Ein zweiter oder dritter Sohn des alten Fabian war der Tuchmann (Handelsmann) und Ratsverwandte Nikolaus Kummerell in Tübingen. Dieser starb dort 1610 und hatte von 3 Frauen 13 Kinder. Von seinen Söhnen ist zu nennen der „vornehme, berühmte Kaufherr und großen Rats alter Beisitzer" Johannes Kommerell zu Straßburg, aus dessen im Jahr 1623 mit Martha Claus daselbst eingegangener Ehe der nachmalige wirtembergische Kirchenkastenadvokat und Konsistorialrat Joh. David sc., geb. 1630, gest. 1675, hervorging. Das kann nicht der Joh. David Kommerell gewesen sein, von welchem es auf S. 381 des Dienerbuchs heißt: „ist entlassen 1656." Der Konsistorialrat hinterließ aus seiner Ehe mit Sibylle Katharine Frisch 3 Söhne: wieder einen Johann David, geb. 1661, der 1703 als Dekan in Urach starb; dann den Johannes Commerell, Klosterhofmeister und titulierten Rat, zuletzt Kloster-Lichtensternschen Pfleger in Heilbronn, und drittens den Stadtschreiber Paul Commerell in Liebenzell und Brackenheim. Von den Söhnen des Johannes gelangten zwei zu besonderen Ehren: der ältere Johann Christian, 1737 Kanzleiadvokat im Oberrat, 1749 Stadtvogt zu Ludwigsburg, 1752 Vogt zu Kirchheim, 1761 Oberrat, 1766 stimmberechtigtes Mitglied des Geheimenrats mit dem Titel eines Geheimen Legationsrats, 1769 wirklicher Geheimrat, Kammermeister bei der Rentkammer und 1775 Konsistorialpräsident; — ein Mann, welchen zwar Pfaff in der Geschichte des Fürstenhauses und Landes Wirtemberg 4 S. 299 in einem gewissen Gegensatz gegen den standhaften Tübinger Oberamtmann Huber nennt, der aber nach Spittlers Geschichte des Geheimen Rats (sämtl. Werke XIII. Band 1837 S. 443 u. 444) jedenfalls in der späteren kaum minder schwierigen Zeit sich einen guten Namen zu bewahren wußte. Er starb den 21. Februar 1781 „an dem sogen. Hundskrampf". [Der Herausgeber dieser Mitteilungen darf wohl anfügen, daß er dem Geheimenrat und Rentkammerpräsidenten Commerell in den Nachrichten über die Taufpaten seines Großvaters, des 1850 verstorbenen Amtsoberamtsarztes Dr. Riecke in Stuttgart, wieder begegnet ist.] Der jüngere Bruder Johann Paul war Theologe, geb. 1720, machte Studienreisen durch Teutschland, Holland und England, wurde Baden-Durlach'scher Feldprediger, 1747 Hof- und Stadtdiakonus in Karlsruhe, später Hofprediger daselbst, und starb 1774 als Dekan in Göppingen.

Vergl. F. F. Faber „Die württemb. Familienstiftungen" 8. Heft S. 152.

Doch alle die hier genannten Commerell gehörten Seitenlinien an. Für die Haugsche Familie haben nur Bedeutung:

der Stammvater Fabian Kummerell, geb. 1504, gest. 1594,

der Pfarrer M. Anastasius Kumerel, geb. 1550, gest. 1611,

der Weißgerber Friedrich Burckhard Kummerell, geb. 1580, gest. 1638,

der Mediziner Johann Ezechiel Kummerell, geb. 1618, gest. 1685, und, wie wir annehmen, des letzteren Enkel

der Kammermusikus Joh. Friedr. Christ. Commerell, geb. 1680, gest. 1776.

Wie erwähnt, war Johann Ezechiel Kummerell verheiratet mit Anna Leyrer. Im zwölften oder gar schon im zehnten Jahrhundert lebte der aus Rankwyl bei Feldkirch gebürtige schwäbische Chronist Thomas oder Thoman Lirer. Seine Niederschriften, eine Mischung von Dichtung und Wahrheit, wurden von anderen bis in die Mitte des vierzehnten Jahrhunderts fortgesetzt. Man findet darin manche Mitteilungen über den Ursprung der schwäbischen Herrengeschlechter. Auch gehören sie zu den ersten Erzeugnissen der schwäbischen Presse, da sie im Jahr 1486 zu Ulm gedruckt wurden (Allg. Deutsche Biographie XVIII S. 746). Was Lirer von der Kirche zu Hausen a. d. Fils erzählt, beweist, daß er in der Gegend von Geislingen bewandert war. Vielleicht hat er schon in Heiningen, Oberamts Göppingen, sich niedergelassen. In der dortigen Kirche befindet sich das Grabmal des Johannes Leyrer, welcher einen Wappenbrief von 1571 hinterlassen hat. Dessen Sohn war der 1542 geborene Bernhard, sein Enkel Franz Leyrer, der Vater der Anna Kummerell.

Der letztern Großvater Bernhard Leyrer, wohnte von 1572 an zu Herrenberg, zuerst als Inspector scholae, dann 1585 als Bürgermeister, 1586 bis 1598 als Vogt und Hofgerichtsbeisitzer von der Landschaft. Er starb am 18. September 1601. Seine Frau, welche ihn um 9 Jahre überlebte, hieß auch schon Anna und war die Tochter eines Hauptmanns der Landsknechte, Johann Mayer, der am 9. April 1519 mit 600 Knechten Schorndorf für Herzog Ulrich gegen Georg von Frundsberg, freilich vergeblich, zu halten suchte (vergl. Stälin IV S. 173, der herzogliche Kommandant war Hans Harder von Gärtringen), — dann einige Jahre später mit Frundsberg unter Sebastian Schärtlin an der Erstürmung und Plünderung Roms teilnahm (6. Mai 1527). Hochbetagt starb dieser in unseren Familiengeschichten ziemlich vereinzelt stehende Kriegsmann im Jahr 1604 mit Hinterlassung einer Stiftung von 300 Gulden für den Herrenberger Spital. Des Johann Mayer Gattin ist abermals eine Anna gewesen. Es war um jene Zeit, daß die Legende von der heiligen Anna, der dem heiligen Joachim angetrauten Mutter der Maria, der Mutter Jesu, aufkam und mit ihr der Mädchenname sich einbürgerte. Frau Anna Mayer stammte von dem Vogt Marx H i l l e r zu Herrenberg, der wieder ein Sohn war des bei dem Blaubeurer Vertrag 1516 beteiligten Bürgermeisters Marx oder Merklin Hiller.

Des Bernhard Leyrer Sohn, F r a n z, der Vater der Frau des Joh. Ezechiel Kummerell, war geboren 1575, wurde ein Müller und starb 1623. Seine zweite Frau, die Mutter der Anna Kummerell, stammte von Altingen in Herrenberger Amte, eine Tochter des dortigen Schultheißen Röser und Witwe eines Joh. Andr. Schloßberger zu Herrenberg.

So war es also schon ein ziemlich ausgedehnter Verwandtenkreis, in welchem durch seine zweite Ehe mit Charlotte Commerell Johann Friedrich Haug, der Sohn des Schulmeisters Jakob Haug von Tegernau, der Hofinstrumentenmacher und starke Mechanikus, im Jahr 1768, 18 Jahre nach seinem Eintreffen in Ludwigsburg, Aufnahme gefunden hat.

Diese zweite Ehe Johann Friedrichs wurde mit 5 Kindern gesegnet, 4 Söhnen und 1 Tochter. Der zweitälteste dieser Söhne, Theodor Christoph, geb. 1771, lebte in Stuttgart als Instrumentenmacher und Klavierbauer, ein Vorgänger der Schiedmayer, Dieudonné u. and. Memminger in dem Buche „Stuttgart und Ludwigsburg mit ihren Umgebungen" 1817 nennt ihn S. 90 wie folgt: „Daß auch Liebhaber und Kenner musikalischer Instrumente hier jetzt finden, was sie wünschen mögen, davon wird sich jeder überzeugen, der ein Instrument des geschickten Dieudonné — nur der Name ist französisch — oder Haug kennen gelernt hat."

Der Vater Johann Friedrich Haug starb am 2. Februar 1793, 63 jährig. Seine Witwe überlebte ihn noch 23 Jahre bis 1816 und sah, mit Ausnahme des jüngsten, alle Kinder ihres ältesten Sohnes.

Der letztere, **Johann Friedrich Gottlob Haug**, geboren zu Ludwigsburg den 5. Oktober 1769, besuchte von seinem achten Lebensjahr an das Stuttgarter Gymnasium, auch dessen mittlere und obere Abteilung, und wurde im Oktober 1786 bei der hohen Karlsschule als Stadtstudierender für Mathematik und Physik aufgenommen (Wagner, Geschichte der hohen Karlsschule I. S. 433). Daneben erlernte er bei seinem Vater die praktische Mechanik. Er verkehrte in dieser Zeit auch mit dem nahezu gleichaltrigen Georg Wilhelm Friedrich Hegel, geb. 27. August 1770. Der letztere schreibt in sein Tagbuch aus der Gymnasialzeit unterm 4. Januar 1787: „1—2 besuchte ich Haug, Sohn des Hofinstrumentenmachers allhier, wo ich eine Uhr sah, die vortrefflich in dem Ton einer Querflöte spielte." (Rosenkranz Hegels Leben S. 447.) Im Jahr 1790 muß Haug es schon zu einem Ruf gebracht haben, da ihn Balthasar Haug in dem Gelehrten Wirtemberg S. 317 unter den wirtembergischen Künstlern außer Lands als „Haug, den Sohn, Instrumentenmacher, gegenwärtig auf Kunstreisen" erwähnt. Die Schwäbische Chronik vom 12. Dezember 1792 berichtet über ihn: „G. F. Haug, der vielleicht schon mehreren Lesern durch seine geocyklischen Maschinen und Globos bekannt ist, hat nun eine Anzahl kleinerer, zwei Pariser oder ungefähr britthalb wirtembergische Zoll im Durchschnitt haltender Erd- und Himmelskugeln verfertigt, die zu allen Zwecken, wozu dergleichen Globi beim Unterricht und sonst dienen können, vollkommen Genüge leistet. Das Paar, nämlich eine Erd- und eine Himmelskugel, ist bei ihm in seines Vaters, des Hofinstrumentenmachers Haugen, Wohnung um drei Gulden zu haben."

Nach des Vaters Tod erhielt Johann Friedrich Gottlob 1793 zunächst ein kleines Amt als Reparator der künstlichen Uhren in den herzoglichen Schlössern, ferner am 10. Juni 1794 die Ernennung zum Hofmechanikus und Hofuhrenmacher. Aber bald darauf begann auch seine Lehrthätigkeit, zuerst als Privatlehrer bei dem Prinzen Paul. Am 9. Oktober 1797 wurde Johann Friedrich Gottlob Haug Präzeptor an dem mittleren Gymnasium und der damals mit diesem verbundenen Realschule. Er bearbeitete daneben Karten von Schwaben, Wirtemberg u. s. w., welche noch heute die Anerkennung der Kartographen finden. Infolge dessen erhielt er den Lehrauftrag für Geographie bei dem Kadetteninstitut von 1813 bis 1817. Auch an der Forstschule (den Feldjägern) gab er von 1818 bis 1820 Unterricht in der Geographie und Technologie. Nach der Abtrennung der Realschule von dem Gymnasium ging er 1818 mit der ersten als Hauptlehrer für die sechste und siebente Abteilung, im März 1820 mit dem Titel eines Professors. Daneben übernahm er nach dem Tod des Oberregierungsrats Schübler bei der Katasterkommission als Nebenamt das technische Referat, für welches nach dem Berichte dieser Kommission vom 20. April 1821 ein Mann gesucht wurde, der mit theoretisch=mathematischen zugleich praktische Geschäftskenntnisse verbinden sollte. Dieses Nebenamt bekleidete Haug vom 19. Juli 1821 an, später bei dem Steuerkollegium, bis zum Jahr 1843. Auch an der Sonntagsschule hatte er den Unterricht in der Mechanik, Physik und Technologie schon 1826 übernommen.

Die Errichtung einer Gewerbeschule in Stuttgart datiert von 1829. Wiederum lesen wir unter den ersten Lehrern den Namen Haugs. Zuerst wollte er daneben das Lehramt bei der Realschule beibehalten. Von 1833 an jedoch widmete er seine Lehrthätigkeit in der Mechanik und Maschinenlehre ausschließlich der neuen Anstalt, wurde auch nach dem Tode Heigelins provisorisch mit der Vorstandschaft vom 5. August 1833 bis 2. Juli 1834 betraut. Endlich am 30. August 1838 auf sein Ansuchen in den Ruhestand versetzt, trat er mit dem 1. April 1839 von dem Lehrberufe ganz zurück.

Immer noch aber wußte er sich doch in mancherlei Weise nützlich zu machen. Er kehrte zu den praktischen Arbeiten seiner Jugend zurück und beschäftigte sich insbesondere mit der großen Hahnschen Uhr. Sicher war schon sein Vater von Ludwigsburg aus und später auch von Stuttgart mit dem „großen" Mechanikus Philipp Matthäus Hahn in persönlichen Verkehr gekommen, welcher von 1770 an als Pfarrer in Kornwestheim und von 1780 bis zu seinem Tod im Jahr 1790 in Echterdingen lebte. Da mochte wohl auch der jüngere Haug mit Hahn und dessen Söhnen in Verbindung getreten sein.

Das Andenken an Johann Friedrich Gottlob Haug ist bei der freilich jetzt stark gelichteten Zahl seiner einstigen Zuhörer noch nicht erloschen. Es wird fortleben in der Geschichte der technischen Unterrichtsanstalten Wirtembergs, wie es erst vor einigen Jahren bei dem fünfzigjährigen Jubiläum des Polytechnikums durch Zeh wieder erneuert wurde. Das schöne von Wilhelm Gottlob Morff (geb. 1771, gest. 1857) gemalte Bild verrät den Denker und Mathematiker, und spricht zugleich in seinen freundlichen Zügen zum Herzen. Einfach, pünktlich, klar, jeder Buchstabe rein und ganz ausgeführt, war noch die Handschrift des Greisen.

Am 10. Januar 1850 beschloß Johann Friedrich Gottlob Haug zu Stuttgart sein an Arbeit und Segen reiches Leben.

Er war zweimal verheiratet. Zuerst 1794 mit Juliane Luise Märklin, geboren zu Stuttgart 12. Februar 1774, einer Tochter des Rechenbankrats bei dem Kirchenrat Friedrich August Märklin. Sie schenkte Haug 13 Kinder und starb am 27. Mai 1823 im Alter von 49 Jahren zu Stuttgart. Zwei Jahre darauf trat Haug mit der Schwester der ersten Gattin, Wilhelmine Jakobine, geboren den 14. März 1778 wieder in die Ehe, die aber kinderlos blieb. Am 21. November 1852 ist auch sie gestorben.

Neue Bildungselemente, zahlreiche und weite Familienverbindungen, wie wir später sehen werden, Berührungen namentlich mit geistlichen Häusern und deren in die Jahrhunderte zurückreichenden Tradition verdankte Johann Friedrich Gottlob Haug seinen beiden Ehen mit Märklinschen Töchtern. Diesen Einflüssen konnte schon er selbst sich nicht entziehen, sie waren entscheidend für die Berufswahl von zweien der Söhne.

Der Familienälteste der vierten Generation **Karl Christoph Friedrich Ludwig Haug** hat als die Hauptmomente seines Lebens selbst die folgenden bezeichnet:

Geb. Stuttgart 1795 27. Januar. Stuttgarter Gymnasium 1800—1808.

1808—12 in den niederen Seminarien zu Denkendorf und Maulbronn, 1812 Oktober bis 1817 Juni im theologischen Stift zu Tübingen, 1814 21. September Magister. Juli 1817 bis 1819 Hofmeister bei dem Königlich dänischen Kammerherrn von Buchwald zu Seedorf (am Plöner See) in Holstein. 1819 August Vikar in Gündelbach (Oberamts Maulbronn), Oktober in Welzheim.

1820 Anfang Februar Repetent und im März Bibliothekar im evangelischen Seminar (Stift) zu Tübingen. Öftere Predigten daselbst. Oktober bis März Vorlesungen über alte Geschichte.

1821 im Frühjahr Privatdozent für die Universalgeschichte, Juni Vokation nach Dorpat, September außerordentlicher Professor, Vorlesungen über Universalgeschichte (jährlich), neueste Geschichte, deutsche Geschichte, Geschichte der politischen Entwicklung der neueren Zeit, wirtembergische Geschichte.

1829 20. Juli ordentlicher Professor. 1830 bis 1850 Mitglied der Prüfungskommission für die Aufnahme in das evangelische Seminar (sogen. Konkursprüfung), seit 1825 Administrator der Hochmannischen und Klockischen Stiftung und 1832 Superattendent derselben (1834 das Pädagogarchat abgelehnt), 1835 Mitglied der Rabbinatsprüfungskommission, 1836 Mitglied des Vereins für Vaterlandskunde, 1838 Einzug als Ephorus in das hergestellte Hochmannische Stift, 1838 bis 1846 Mitglied des Reallehrerseminars.

1838 bis März 1849 Professorenkranz mit wissenschaftlichen Vorträgen. Reisen: 1839 nach den Niederlanden und Belgien, 1842 nach Italien, 1850 in die östliche Schweiz.

1848 Bürgerwehr, Mitglied der Kommission für Universitätsreform.

1850—1851 (März) Rektor der Universität.

1851 freier Vortrag; neue Methode der Vorlesungen (über Mittelalter bis XII. Jahrhundert, Renaissance, Reformationszeitalter, Zeitalter Ludwigs XIV., Friedrich der Große, römische Bürgerkriege, römische Kaiserzeit, Germanen und Völkerwanderung).

1852 April. Eine Stelle im Inspektorat des evangelischtheologischen Seminars abgelehnt.

1859 Katarrhe und Asthma. 1860 16. Oktober auf Ansuchen in den Pensionsstand versetzt. 25. Oktober Fackelzug.

Reisen nach Marburg und 1862 nach London. —

Karl Friedrich Haug starb am 11. März 1869 zu Tübingen im 75. Lebensjahr.

Auch er war zweimal verheiratet, vom 7. Oktober 1823 bis 20. Dezember 1828 mit Johanne Charlotte Reuß, der Tochter des 1811 gestorbenen Stadt- und Amtsschreibers Johann Konrad Gottlob Reuß in Neckarsulm, einer Enkelin des Bürgermeisters Bossert zu Tübingen; dann vom 2. Februar 1833 an mit Theophanie Conradi, der Tochter des Kaufmanns Leopold Conradi, und der Luise, geb. Feuerlein zu Stuttgart. Die zweite Ehe war mit 10 Kindern gesegnet, 9 Töchtern und 1 Sohn.

Der einzige Sohn Karl Friedrich, geb. 25. August 1838, war im Jahr 1859 während der ersten Mobilmachung gegen Frankreich als Freiwilliger bei der Artillerie eingetreten, beendigte darauf seine Studien als Ingenieur, und ließ sich als Papierfabrikant nieder, zuerst 1867 in Ubingen bei Göppingen, dann 1870 an der Mangfall in Oberbayern, in Mühle am Baum und später 1880 in Luisenthal bei Gmund am Tegernsee.

Weitere Nachrichten über den Lebensgang des am 11. März 1869 zu Tübingen gestorbenen älteren Karl Friedrich Haug enthalten die bald nach seinem Tode „für die Verwandten und Freunde" herausgegebenen „Mitteilungen aus seinem Leben und aus seinem Nachlasse" (Stuttgart Druck von J. B. Metzler 1869). Auf dieselben stützt sich der Artikel Klüpfels über Karl Friedrich Haug in der Allgemeinen Deutschen Biographie XI S. 52.

Es ist in jenen „Mitteilungen" S. 23 gesagt worden: „Die Studien seiner letzten Jahre galten fast ausschließlich der Geschichte einzelner in Schwaben heimischer Familien. Mit der Universalgeschichte hatte Haug begonnen, mit der quellenmäßigen Erforschung der Geschichte der ihm näher stehenden Familien seiner Heimat schloß er seine Laufbahn als Historiker ab." Ein Teil des hiebei zu Tag geförderten reichhaltigen Stoffs konnte jetzt endlich für die hier vorliegenden Familiengeschichten benützt werden. Karl Friedrich Haug verdanken wir insbesondere alle Nachweise über den Stammbaum und die weiteren Beziehungen zu den theologischen Ahnen der Familie. So ist es daher auch gewiß das Richtigste, in dem Folgenden immer von ihm auszugehen und auf ihn alle Stammbaumreihen zuletzt zurückzuführen. Doch ist zuvor neben ihm auch noch desjenigen jüngeren Bruders zu gedenken, dem es gleichfalls vergönnt gewesen ist, eine eigene Familie zu gründen.

Gustav Ferdinand Haug, geb. 17. September 1807, studierte von 1825 bis 1830 zu Tübingen Theologie, in der gleichen sogenannten Straußschen Promotion, wie der später zu erwähnende Vetter Christian Märklin. Er wurde 1833 Stiftsrepetent, 1835 Helfer in Sindelfingen, 1843 Dekan in Leonberg. Auf der letzteren Stelle starb er im Jahr 1864, 1. Februar. Aus seiner

Ehe mit Charlotte, der Tochter des Oberamtmanns Faber von Böblingen, überlebten ihn 2 Töchter, sowie 4 Söhne:
1. Ferdinand Friedrich Ludwig, geb. 21. Dezember 1837, Repetent in Tübingen 1862, Helfer in Weinsberg 1866, dann 1873 Professor am Gymnasium zu Mannheim, 1876 Direktor des Gymnasiums zu Konstanz, 1881 Direktor des Gymnasiums zu Mannheim;
2. Karl Ludwig, geb. 27. März 1841, Repetent in Tübingen 1867, Pfarrer in Adolzhausen 1868, Helfer in Freudenstadt 1873, Pfarrer in Strümpfelbach 1877, gest. 16. Juli 1885 zu Stuttgart;
3. August Friedrich, geb. 10. September 1844, Pfarrer in Dünsbach 1873, in Gröningen 1877;
4. Gustav, geb. 9. Oktober 1848, Forstamtsassistent in Neuenbürg 1874 und Bebenhausen 1876, Revierförster in Güglingen 1879.

Ferdinand hat sich auch als Gelehrter, insbesondere als kundiger Deuter römischer Inschriften, einen von den ersten Autoritäten anerkannten Namen erworben. Ludwig veröffentlichte kurz vor seinem Tode die seither in zweiter Auflage erschienene Schrift: „Darstellung und Bedeutung der A. Ritschl'schen Theologie." Gustav war im Jahr 1870/71 mit in Frankreich.

Blicken wir nochmals zurück auf den Lebensgang der ehrwürdigen Häupter der Familie Haug, auf
den Schulmeister Jakob Haug, gest. 1750,
den Hofinstrumentenmacher und starken Mechanikus Johann Friedrich Haug, geb. 1730, gest. 1793,
den Professor am Polytechnikum Johann Friedrich Gottlob Haug, geb. 1769, gest. 1850,
und die beiden Brüder
den Universitätsprofessor Karl Friedrich Haug, geb. 1795, gest. 1869,
den Dekan Gustav Ferdinand Haug, geb. 1807, gest. 1864,
so sehen wir schon in der äußeren Gestaltung ihrer Lebensschicksale

manchen Zug sich wiederholen. Ihnen allen war es vergönnt, die ihnen gestellte Lebensaufgabe zu einem gewissen Abschlusse zu bringen. Zwei erreichten, ungetrübten Geistes, ein hohes Lebensalter. Drei waren zweimal verheiratet. Der Familiensinn scheint allen gemeinsam gewesen zu sein; gleichmäßig wohl auch bei allen die Neigung zum Lehren. Zwei bethätigten sich als hervorragende Mechaniker und Mathematiker, eine Anlage, welche sich jetzt in der fünften und, wenn die Zeichen nicht trügen, auch in der sechsten Generation der älteren Linie wieder findet, während die gelehrte und geistliche Richtung der vierten Generation in der jüngeren Linie der fünften Generation sich fortgesetzt hat.

Von den Haug'schen Stammvätern allen darf gesagt werden, daß sie dem einmal erwählten Berufe als Lehrer, sei es auf der Kanzel oder dem Katheder oder in der Volksschule, als Forscher über die höchsten Probleme der Wissenschaft und die Bestimmung des Menschen, oder auch als praktische Mechaniker in der Werkstätte mit voller Treue sich hingegeben haben, — dabei nicht verlangend nach eitlen äußeren Ehren, getragen allein von dem Bewußtsein ihres gewissenhaft erfüllten Berufes. An der Anerkennung der besten ihrer Kollegen und Schüler hat es den anspruchlosen Männern darum doch nicht gefehlt; ihrem reinen Charakter und freundlichen Wesen haben zahlreiche Freunde zu allen Zeiten Achtung und Liebe rückhaltlos entgegengebracht.

Möge ihr Andenken bei Kindern und Kindeskindern im Segen fortwirken!

II.

Die Familie Märklin.

Karl Friedrich Haugs Mutter Juliane Luise und ebenso die zweite Mutter Wilhelmine Jakobine waren Töchter des Rechenbankrats Friedrich August Märklin zu Stuttgart, geb. 1739, gest. 1800.

Der älteste nachweisbare Stammvater war **Claus** (Nikolaus) **Maerklin** (auch Merklin, Merkle), Bürger zu Donauwörth, dann zu Marbach, spätestens in der Mitte des XV. Jahrhunderts. „Die Forschung nach der weiteren Abkunft der Märklin wird sehr erschwert durch das frühe häufige Vorkommen des Namens an sehr entlegenen Orten, — nicht bloß in Altwirtemberg, sondern auch zu Lauingen, Ulm[1]), Hall, Rothenburg a. d. T., Windsheim, Nürnberg u. s. w. in verschiedenen Formen: Merk, Merkel, Merklin, (war ursprünglich Personen- oder Vornamen — einem Merklin Hiller sind wir im ersten Abschnitt begegnet —) Diminutiv von Merk oder Mark, Marcus, daher vom Evangelisten der Löwe im Wappen,

---

[1]) Conrad Merklin von Ulm, gest. 1526:
>Von seinem schönen farbenhellen Leben
>Blieb kaum ein blasser, halbverwischter Schatten,
>Mit dem sich Dürers Freundeszüge gatten,
>Und fast allein Unsterblichkeit ihm geben . . . .
>„Er war bedeutend" sagt mit kurzen Worten
>Die Kunstgeschichte, eh' sie ihn beerdigt —
>Sie gelten uns für stolze Grabespforten.
>>Seubert, Die Sterne Schwabens S. 68.

auch Marquard ¹). Man wird sich bei der Frage nach der Abstammung an das näherliegende zu halten haben. Die Wanderung des Claus M. von Donauwörth nach Marbach könnte auch eine Rückwanderung gewesen sein, wie ein solcher Wechsel der Wohnsitze damals sehr häufig vorkam, und hier fehlt es nicht an Anhaltspunkten: 1442 ist zu Heilbronn Bürgermeister Marquard Märklin, 1423 Pfleger des Spitals zu Heilbronn der ehrbare Konrad Märkle (Jäger, Geschichte von Heilbronn). 1380 21. Febr. siegelt Claus Merklin, Richter zu Heilbronn (Steichele, Beiträge zur Geschichte des Bistums Augsburg I 313). 1393 verkauft Hans Herter, Edelknecht, den erbaren, also wohl gut bürgerlichen, Märklins sel. Kindern zu Marpach, Elßlin und Kätherlin, alle seine Güter zu Wihingen (Neckarweihingen)." [Haug].

Klaus Märklins Ehefrau hieß Anna, Tochter des Jakob Schentelmajer zu Murr, d. i. wohl Schönthalmaier, denn mehrere Schönthal, ein Neu-, Ober-, Mittel-, Unter-Schönthal gehören noch heute zur Gemeinde Backnang.

Sie hatten 3 Kinder:
 eine Tochter Magdalena
  und
   zwei Söhne Adam und jung Claus.

Magdalena heiratete den Hans Müller zu Marbach ums Jahr 1500, den „reichen Müller" oder auch „Reichsmüller," dessen Familie von Graf Ludwig zu Wirtemberg die Mühle zu Poppenweiler als Erblehen übertragen war, den Sohn eines Nikolaus Müller.

Der Magdalena und des Hans Müller Tochter Waldburga sodann wurde die Gattin des in Weil der Stadt sehr begüterten Hans Fickler, eines Sohnes des wohlhabenden und gebildeten Weilerstädter Bürgers Michael Fickler. Den letzteren soll Herzog Ulrich, der ihn hochschätzte, als Vogt in Backnang eingesetzt haben. Doch enthält das fürstliche Dienerbuch seinen Namen nicht. Als nun aber Herzog Ulrich zur lutherischen Religion sich bekannte, habe Michael Fickler, welchem die Reformation ein Greuel war, sein Amt niedergelegt und sei 1534 nach dem vorwiegend katholischen Weil der Stadt zurückgekehrt. Die letztere Thatsache ist jedenfalls richtig, sie wird auch in der Ge-

---

¹) Richtiger wird wohl die Ableitung sein: Mark = Grenze; Markwart = Grenzhüter, und daher die übrigen Namensformen.

schichte seines ein Jahr zuvor geborenen Sohnes erwähnt, der sich dessen rühmte, des Rechtsgelehrten, Archäologen und Numismatikers Dr. Johann Sebastian Fickler, des vertrauten Rats von Erzherzog Ferdinand von Österreich und Erziehers des späteren Kurfürsten Maximilian I. von Bayern, der am Schlusse des mit zwei Unterbrechungen von 1545 bis 1563 dauernden Tridentiner Konzils eine Rolle zu spielen anfing und immer ein heftiger Gegner der lutherischen Lehre blieb, in den letzten Jahren seines Lebens aber, von 1610 an, auch der bayerischen Kunstkammer in München vorstand, welche sich in unseren Tagen zu dem bayerischen Nationalmuseum entwickelt hat (Allg. Teutsche Biographie VI S. 775).

Des Johann Sebastian Bruder, der zuerst genannte Hans Fickler, der Gatte der Walbburga Müller, brachte es zu keinem so großen Namen. Man weiß von ihm nicht mehr, als daß er viermal verheiratet war und daß aus der Ehe mit Walbburga der Dr. juris Johann Michael Fickler stammt, welcher als Advokat und Assessor beim Reichskammergericht zu Speier gemeinschaftlich mit seiner zweiten Frau Katharina, da ihnen Kinder nicht geschenkt waren, 1585 und 1586 die mit dem Neuen Bau zu Tübingen in Verbindung stehende Fickler'sche Stiftung machte. Frau Katharina war die Tochter des Dr. Kaspar Wild. Von diesem sagt Stälin in der Wirtembergischen Geschichte IV S. 712, er sei zu Speier als Sohn eines aus Vaihingen a. d. E. gebürtigen Registrators beim Kammergericht geboren, einer der ersten fürstlichen Stipendiaten (Stiftler) und der erste Repetent in Tübingen gewesen, habe als solcher, was damals noch anging, obgleich Stipendiat Rechtswissenschaft studiert, sei Rat des Herzogs, zeitweilig auch der Landschaft geworden, und habe sich um die geistliche Verfassung, insbesondere die Erhaltung des Kirchenguts, sowie um die Verbesserung des Landrechts große Verdienste erworben. Nach Binder, Wirtembergs Kirchen- und Lehrämter S. 15 u. 16, war Wild der erste Kirchenkastenadvokat 1553—1581 und der erste weltliche Rat des Konsistoriums 1553 bis 1584. Er starb 1591.

Über die Fickler'sche Stiftung s. Ferd. Friedr. Faber, Die württemb. Familienstiftungen H. 2 u. 3, 1853, S. 1 ff. und S. 206, wo die Ansprüche der Familie Märklin auf den Genuß der Stiftung nachgewiesen sind. Über die Abkunft der Familie Fickler s. Schwäbische Chronik 1864 Nro. 246.

Hans Müller zu Marbach und Magdalena, geb. Märklin, hatten neben der Tochter Walbburga auch zwei Söhne. Der eine war der Bürgermeister Johannes Müller. Von dem andern kennen wir nicht einmal den Namen. Des letzteren Tochter jedoch, Katharina, heiratete, 20 Jahre alt, am 9. April 1540 den im Juli 1519 geborenen Sebald Kepler in Weil der Stadt, mit welchem sie wohl durch die Tante Walbburga bekannt geworden ist und der später dort Bürgermeister wurde. Des Sebald Vater gleichen Namens war dorthin, einer der ersten Protestanten, von Nürnberg her eingewandert und es schien im Anfang, als solle auch in Weil der Stadt die Reformation durchdringen, was aber, wie wir schon gehört, nicht so geschehen ist. Einer der

Keplerischen Ahnen soll 1430 auf der Tiberbrücke in Rom von Kaiser Sigismund zum Ritter geschlagen worden sein.

Nun, unsere Katharina, geborene Müller, gab 12 Kindern das Leben, von welchen das vierte, ein Sohn Heinrich, der Vater des **Johannes Kepler** wurde. Ein schwächliches Siebenmonatkind von der Mutter Katharina Guldenmann, als ältestes von 7 Geschwistern am 27. Dezember 1571 geboren, bestand Johannes 1583 das Landexamen, wurde 1584 in die Klosterschule zu Adelberg, später in die zu Maulbronn und im September 1589 in das Stift zu Tübingen aufgenommen, wo Mästlin sein Lehrer in der Mathematik war. 1591 am 11. August erwarb er die philosophische Doktorwürde mit Glanz. Auch dem Studium der Theologie widmete er sich darauf noch mit Fleiß und Eifer, folgte aber doch gerne einem Ruf als Professor der Mathematik und Moral an das Gymnasium zu Graz, welcher im März 1594 an ihn gelangt war. Mit dem Schluß des Jahrhunderts gestalteten sich nun freilich die Verhältnisse daselbst für einen Protestanten immer weniger erträglich und so zog dann Kepler auf die Einladung von Tycho de Brahe 1600 nach Prag. Schon im Oktober 1601 wurde er dessen Nachfolger als Hofmathematiker bei Kaiser Rudolf II. Mit Galilei stand er in regem Briefwechsel. Um ganz den Wissenschaften leben zu können, siedelte Kepler 1612 nach Linz über und blieb dort bis 1626. Mehr und mehr bedrängt, bald von übereifrigen Protestanten, bald von bekehrungssüchtigen Jesuiten, im Stich gelassen von der kaiserlichen Hofkammer, die ihm gegen 12 000 fl. schuldete, zuletzt verwiesen an Albrecht von Waldstein, Herzog von Friedland, reiste er wirklich zu diesem auf Schloß Sagan in Schlesien 1628, endete aber schon am 15. November 1630 sein Leben zu Regensburg, wohin er geritten war, um bei dem eben versammelten Reichstag sich Recht zu holen.

Eine tragische Episode in seinem Leben bildete es auch, daß Kepler im Sommer 1620 aus Oberösterreich nach der Heimat eilen mußte, um die betagte Mutter in einem Hexenprozeß zu verteidigen. Katharina Guldenmann war die Tochter des Bürgermeisters und Wirts zu Eltingen bei Leonberg. „Nach dem frühen Tode der Mutter wurde Katharina statt im Vaterhause zu Eltingen bei einer Base in Weil erzogen. Dort hat sie wohl Heinrich Kepler kennen gelernt. Die Base wurde später als Hexe prozessiert und in Weilderstadt hingerichtet. Katharina wurde von ihr in der Bereitung heilsamer Tränke und Salben unterwiesen. Keinensfalls konnte eine solche Erziehung, wie sie Katharina bei der Base erhielt, Ersatz für die häusliche Arbeit und liebende Hand einer Mutter gewähren. Katharina wurde starrköpfig und eigensinnig. Sie verbarg unter den Blüten und Blumen der Jugend den knorrigen, unbiegsamen, mit Dornen besetzten Stock der Rose. Nach ihres Sohnes Aussage überbot sie noch durch ihre Heftigkeit die Rauheit ihres Mannes und ihrer Schwiegermutter." Auch als junge Frau war sie hochfahrend und wenig häuslich. Sie zog ihrem Gatten in den Krieg nach und führte ein wüstes Leben mit ihm. — Das alles läßt es einigermaßen erklären, daß man in jenen Zeiten auch in ihr eine Hexe vermutete.

Was Johannes Kepler in der Mathematik und praktischen Geometrie, in der Physik und Mechanik, als Meteorolog und Astrolog geleistet, kann hier nicht aufgeführt werden. In der beobachtenden Astronomie sah er sich mit zunehmendem Alter durch eine gewisse Blödigkeit des Gesichtes mehr und mehr gehindert, Hervorragendes zu leisten. Und doch verdankt er seinen Weltruhm vorzugsweise den nach ihm benannten drei astronomischen Gesetzen, deren erstes lautet: „Die Bahn der Planeten ist eine — vom Kreise allerdings hie und da kaum merklich abweichende — Ellipse, deren einer Brennpunkt mit dem Zentrum der Sonne zusammenfällt." Das von Tycho de Brahe hinterlassene reiche Beobachtungsmaterial über den Planeten Mars und die fortgesetzten eigenen Beobachtungen und Berechnungen über dessen Bahnen hatten Kepler vorzugsweise auf seine Gesetze geführt. So ist es denn auch zu verstehen, wie Mörike beim Anblick des Sterns „mit dem rötlichen Licht" — gerade Keplers, als

— des Mannes gedachte, der seine Bahnen zu messen,
Von dem Gotte gereizt, himmlischer Pflicht sich ergab. —
Wie ein Dichter den Helden sich wählt, wie Homer von Achilles
Göttlichem Adel gerührt, schon im Gesang ihn erhob,
Also wandtest du ganz nach jenem Gestirne die Kräfte.
Sein gewaltiger Gang war dir ein ewiges Lied.

„Während der alexandrinische Astronom Ptolomäus, im zweiten Jahrhundert der christlichen Zeitrechnung, das Zentrum des Weltalls in den Mittelpunkt der Erde setzte, legte Copernikus von Thorn, geb. 1473, gest. 1543, denselben in das Zentrum der Erdbahn. Kepler endlich war es vorbehalten, den Brennpunkt der Bahnen in die Mitte der Sonne zu bringen und diese dadurch zur wahren Königin unseres Systems zu machen" (s. den Artikel Copernikus in der Allgem. Deutschen Biographie IV S. 468). „Was aber die Welt im Innersten zusammenhält" hat erst nach Kepler der im Jahr 1642 geborene Isak Newton mit seinem Gesetz der gegenseitigen Anziehung der Massen nach dem Verhältnis ihrer Masse und dem umgekehrten Verhältnis des Quadrats der Entfernungen vollends zu erklären vermocht.

Rümelin bemerkt in der neuen Ausgabe des „Königreich Württemberg" II 1 S. 250, daß es für unser kleines Land schon ein großer Ruhm sei, unter der kleinen Zahl von Namen, welche durch alle Völker und Jahrhunderte leuchten werden, durch zwei Heroen, durch Schiller und Kepler, vertreten zu sein. Um so weniger durfte in diesen Familiengeschichten einfach an letzterem vorbeigegangen werden, nachdem wenigstens der gemeinsame Stammvater erwiesen ist.
s. Johannes Kepler von Reitlinger, unter Mitwirkung von C. W. Neumann und C. Gruner, I. Teil, 1868; ferner Allgem. Deutsche Biographie XV S. 603 ff.

Soviel von den Nachkommen der Magdalena Müller, der Tochter des Claus Maerklin von Donauwörth und Marbach.

Nun zunächst zu dessen einem Sohn Adam, oder vielmehr zu des letzteren 2 Söhnen, den beiden **Marcoleon**.

Johann Merklin, der später Marcoleon sich nannte, inskribierte zu Tübingen am 25. Juli 1512, einige Monate vor Philipp Schwarzerd (Melanchthon) von Bretten (17. September), welcher von Heidelberg nach Tübingen kam, dessen Freund, in manchem auch Lehrer Johann wurde, der letztere überhaupt ein vortrefflicher Lehrer, der aber schon vor 1559 als Pfarrer von Murr starb.

Bedeutender noch war der zweite Marcoleon, M. Alexander Mergkling, der in Tübingen am 19. April 1518 inskribierte (Roth, Urkunden S. 611), Dominikanermönch in Stuttgart, Freund und Schüler Reuchlins. 1521 lateinischer Schulmeister, mußte er 1525 wegen seiner Religion fliehen, weil er evangelisch geworden, fand jedoch in Eßlingen eine Anstellung. 1535 berief ihn Herzog Ulrich nach Stuttgart zurück, als Pädagogarch, d. i. Lehrer an der obersten Klasse des neuerrichteten Pädagogiums und Visitator der Lateinschulen unter der Steig. Ein trefflicher Gelehrter, eifrig evangelischer Mann, der sich noch 1546 Alexander Merckhlin, Schulmeister zu Stuttgart, schrieb, starb er hochgeachtet 1551.

Dienerbuch S. 562.

Außer dem Adam endlich hatte der alte Klaus noch einen zweiten Sohn: jung Claus Maerklin, — vir apud Marpachienses honestissimus, wie ihn noch in der Grabrede auf seinen Enkel Anastasius Demler im Jahr 1591 der Stammvater der Juristenfamilie Harpprecht (s. unten IV zu 2) genannt hat.

Des jung Claus Tochter Anna, gest. 1534, hatte den Michael Demler, vieljährigen Vogt zu Marbach, geheiratet, welchen Herzog Ulrich zu den schwierigsten Geschäften gebrauchte. Auch rettete er im Bauernkrieg die Stadt Marbach durch sein kluges Benehmen (s. Crusius z. J. 1525). Sein Vater soll eigentlich Brandel geheißen haben, mit dem Spitznamen Tämmler, wegen seines mißgestalteten Daumens. Man schrieb auch Deimler, Demeler, Timmeler. Eine Tochter jenes Temlerschen Ehepaars, gleichfalls Anna getauft, wurde die Ehefrau des Bürgermeisters Michael Hunn zu Marbach und die Großmutter des berühmten Theologen Dr. Ägidius Hunnius (Allg. Deutsche Biographie XIII S. 415). Die Temlerschen Eheleute hatten aber auch noch einen Sohn, den schon genannten Anastasius Temler. Auch dessen Name lebt in der Geschichte fort. Geboren 1520 zu Marbach, Schüler des Alexander Marcoleon, seines cognatus, bezog er 1537 die Universität Tübingen, wurde 1541 Magister als Jurisconsultus und brachte es frühe zum Advokaten des herzoglichen Konsistoriums; 1553 juris utriusque Doctor, 1556 Professor ordinarius juris (für Pandekten) neben Nicolaus Varnbüler, auch Assessor des Hofgerichts, Superattendent des Martinianums (Neuen Bau). Er übernahm Sendungen auf Reichstage und zu anderen Konventen, war siebenmal Rektor. Auch Exekutor der Ficklerischen Stiftung. Nach Jakob Andreäs Bericht in Wahrheit eine Säule der Universität und, wie Roth in der Rede über die Universität Tübingen im Jahr 1577, Württ. Jahrb. 1871 S. 285, bemerkt, allem nach ein Muster des regelmäßigen Fleißes. Dabei acer justitiae et privilegiorum academicorum defensor. Eifrig evangelisch, standhaft gegen das Interim, nahm er nicht blos die Bibliothek des flüchtigen Erhard Schnepf, sondern auch vertriebene Prediger bei sich auf und hörte deren Vorträge. Es war drum nicht mehr als billig, daß ihm nach seinem Tode am 21. Juli 1591 eine Grabstätte in der St. Georgenkirche eingeräumt wurde neben seiner Frau Barbara Fürberer, gest. 1583.

Der Vater der eben genannten Frau Barbara war Jakob **Fürberer**, **generis antiquitate et splendore praestantissimi**, 1525 Vogt von Kirchheim, auf dem Landtag 1526, 27, 30). Vogt zu Stuttgart, gest. 1532, der Sohn von Burckhard Fürberer von Richtenfels, genannt Kühorn (nach dem Geschlechtsnamen seiner Frau, s. unten III).

Der letztere, Burckhard, inskribierte zu Tübingen 1484 und 1512. Er war 1505 Rat und Diener Herzog Ulrichs. 1519 wurde er durch den schwäbischen Bund Vogt zu Stuttgart, 1521 Mitglied der feierlichen Gesandtschaft an Kaiser Karl V. nach Löwen. Im folgenden Jahr begrüßte er den Erzherzog Ferdinand bei dessen Einzug in Stuttgart mit einer Anrede, seine Tochter war unter den Festjungfrauen. 1525 war er noch als Stuttgarter Vogt auf dem Landtag zu Tübingen und starb dann 1526 am 24. August. — Weiter weiß man von ihm noch, daß er 1514 Landschaftseinnehmer unter der Steig gewesen ist und mit dem armen Konrad unterhandelt hat. 1513 kauft er von Heidenheimern ihre halbe Eisenschmiede für 2000 fl., worüber von 1521 ein bestätigender Lehensbrief des Kaisers ausgefertigt wurde. 1514 verleiht ihm der Abt von Anhausen die Mühle zu Mergelstetten als Erblehen, welche er in eine Erzwäsche verwandelte, die aber nach seinem Tod wegen nicht bezahlter Zinsgülten dem Kloster heimfiel (Oberamtsbeschreibung von Heidenheim S. 80).

Auch des jung Claus Märklin Sohn hieß wieder Claus und war Schmied zu Erdmannhausen (bei Marbach), wo dann des letztern Sohn Egidius Schultheiß wurde. Dies vielleicht aber auch erst in Affalterbach. Einer der Clause soll mit einer Schwestertochter des Pfarrers Römer verheiratet gewesen sein, was aber nicht bewiesen werden kann und darum für das Römersche Stipendium nicht anerkannt ist (vergl. übrigens unten).

Des Egidius Sohn war der mit einer Margarethe, geb. Klingler verheiratete **Marx Maerklin** (Mercklin) und von diesen beiden stammt nun der erste Theologe in der Märklinschen Familie.

Markus Maerklin, des Marr Sohn, ist zu Erdmannhausen im Jahr 1577 geboren. Er inskribierte zu Tübingen 1592, also 15 Jahre alt, wurde 1593 baccalaureus, 1595, mit 18 Jahren, Magister, 1599 Repetent in Tübingen, 1604 Diakonus in Großbottwar und 1308, im 32. Lebensjahr, Spezial (Dekan) in Balingen, wo er aber schon 1617, mit 40 Jahren, starb.

Von seinem Bruder Lukas stammen die Eßlinger Märklin ab.

Des Markus Gattin war seit 6. November 1604 **Anna Barbara Hägelin**.

Deren Vater **M. Melchior Hägelin**, geb. zu Thamm (Oberamts Ludwigsburg) 1540, wurde 1562 Diakonus zu Backnang, dann Pfarrer zu Weilheim bei Tübingen, später zu Obereßlingen, 1574 Pfarrer und Superintendent in Bietigheim, bekleidete seit 1602 die hohe geistliche Würde eines Abts zu Königsbronn; er war auch fürstlicher Rat und durch die besondere Gunst des Herzogs Friedrich Mitglied des engeren Landschaftsausschusses. In dem Dienerbuch wird er S. 299 außerdem noch als Spezial zu Heidenheim bezeichnet. 1630 haben ihn jedoch die Mönche aus Königsbronn vertrieben und so beschloß er am 13. März 1631 sein Leben zu Obereßlingen, wo er begütert war, in dem Hause seiner Tochter. Dort lebte auch eine mit dem Schultheißen verheiratete Schwester.

Dieser Melchior Hägelin hatte drei Frauen. Die erste, Magdalene, seit 1563, war eine Stieftochter des J. Butzmann, ersten evangelischen Pfarrers zu Obereßlingen, und wirkliche Tochter des **Franziskus Irenikus** (Friedlieb, s. auch Stälin IV S. 239).

Der letztere, ein geborener Ettlinger, ging zu Pforzheim mit Melanchthon in die Schule, hörte bei ihm später zu Heidelberg und Tübingen Kollegien, gab die exegesis Germaniae heraus. Seine Frau war von Eßlingen. Dort predigte er 1524 und 1525, auch war 1531 von seiner Berufung dorthin die Rede. Seit 1524 hatte er das Pfarramt zu Ettlingen, seit 1530 das zu Gemmingen inne.

Die erste Gattin des Melchior Hägelin, Magdalena, starb 1567. Darauf heiratete er 1569 Margaretha, die Tochter des Eßlinger Bürgers J. Knäpplin. Mit dieser lebte er bis 1603.

Dann 1604, im gleichen Jahr, in welchem seine Tochter Anna Barbara die Frau des Markus Märklin wurde, nahm der 64jährige Melchior Hägelin zur dritten Gattin Brigitte, die Tochter des Ratsadvokaten Matthäus Alber und Witwe des Abts Wilhelm Mögling, seines Amtsvorgängers in Königsbronn.

Siehe unten IV zu 3.

Melchior Hägelin war der Sohn eines J. Hägelin, Bürgers zu Thamm, und der Barbara Dinklerin oder Dinkel, — ein Name, der sich bis in die Mitte des XIV. Jahrhunderts verfolgen läßt. Der Großvater des Melchior war

Jörg Hägelin zu Erdmannhausen; die Großmutter eine geborene Schwarrenberger von Murr und Schwestertochter des M. Johannes Römer, Pfarrers und Dechanten zu Affalterbach, Oberamts Marbach — vor 1549 — des Stifters der Römer'schen Stiftung.

s. J. F. Faber, Die württemb. Familienstiftungen XXII. Heft 1858 S. 15 ff. und insbesondere S. 112.

Als die Anna Barbara Märklin, geborene Hägelin, 1617, nach 13jähriger Ehe Witwe geworden war, entschloß sie sich bald zu Eingehung einer zweiten Verbindung mit einem Amtsbruder des ersten Gatten, mit dem Pfarrer J. Göring zu Endingen in der Balinger Diözese und später in Ostdorf.

Des Markus und der Anna Barbara Märklin Sohn aber hieß nach dem Großvater **Melchior Maerklin** (auch Martin). Er ist geboren zu Balingen 1612, magistrierte 1635, wurde Pfarrer zu Nellingen 1637 und 1648 zu Plochingen, wo er 1673 starb.

Er war zweimal verheiratet, zuerst 1636 mit Anna Maria Braeunlerin, gest. 1647, 17. Juni; sodann 1648 im Januar mit Maria Katharina Wagnerin, einer Tochter des Dr. theol. Tobias Wagner, damals Diakonus zu Eßlingen, späteren Universitätskanzlers zu Tübingen (s. unten III A), bei welchem sie als Witwe, 1679 starb, ein Jahr vor dem Vater (Dienerbuch S. 579).

„Die Breunlin stammen aus Gmünd und wurden wahrscheinlich durch den Sieg des Katholizismus zur Auswanderung gebracht, wie die Nicolai (s. unten III B.). 1546 im November wird **Franc.** Breunlin im Rat zu Gmünd von den Sachsen und Hessen als Bürge für eine Brandschatzung weggeführt. 1523 war J. Breunlin Bürgermeister zu Gmünd, 1463 Peter Premlin Stettmeister daselbst.

„1365 J. v. Rinderbach, genannt Prünlin, B. z. Gmünd, so auch J. v. Rinderbach, genannt Prunlin, B. zu G., sonst die Rinderbach häufig ohne den Beinamen. — 1210 stiftet Walter von Rinderbach das Franziskanerkloster zu Gmünd, wo 1228 der heilige David von Augsburg begraben wurde, wohl das älteste Kloster dieses Ordens in Deutschland. Die Burg Rinderbach in der Nähe von Gmünd längst zerstört. In Gmünd das Rinderbacher Thor 1546; jetzt noch die Rinderbacher Mühle", eine Parzelle von Gmünd.

Der Anna Maria Märklin Vater war Friedrich Brünnlin, Forstmeister zu Schorndorf, ihre Mutter Margaretha, geb. Göbel von Augsburg (?).

Die letztere stammte von Wilhelm Göbel, Förster zu Börtlingen Oberamts Göppingen), im Adelberger Forst, um 1585, der dorthin aus der Grafschaft Henneberg gekommen war. Zwischen dieser Grafschaft an der Grenze von Thüringen und zwischen Wirtemberg bestanden damals Beziehungen. Im

Jahr 1574 machte Herzog Ludwig von Wirtemberg bei dem Hennebergischen
Hof zu Schleusingen einen Verwandtenbesuch. Auch war bei dem Hochzeitsfest
dieses Herzogs mit Dorothea Ursula von Baden am 7. November 1575 der
Henneberger Graf mit seiner wirtembergischen Gemahlin anwesend. Stälin IV
S. 789.

Der Förster Wilhelm Göbel hatte sich aber mit einer Angehörigen seiner
neuen Heimat verheiratet, mit Anna Ankelin, deren Geschlecht in Ebersbach
zu Hause ist. In jenen Tagen, 1589, galt Sebastian Ankelin für den größten
Mann im Filsthal, ingenti proceritate dux militiae Augustanus. Von einem
Augsburger Hauptmann G. Ankele, der von Statur ein ungemein großer Mann
gewesen sei, ein Mann fast so groß als ein Riese, berichtet auch Crusius 1582.
Diese Körpergröße vererbte sich dann auf den Sohn des Wilhelm Göbel,
der Margarethe Brennlin Bruder und Oheim der Anna Marie Märklin, —
auf J. Konrad Göbel oder Gebel, den Freund von Joh. Valentin Andreä
(s. unten IV zu 2), welcher ihn in dem Nekrolog als magnus vir bezeichnet
hat. Derselbe war 1616 Pfarrer zu St. Anna in Augsburg. Nach der Be=
setzung der Stadt durch Gustav Adolf wurde er dort mit großer Feierlichkeit
wieder eingeführt. 1635 im Januar rät er zur Kapitulation. Zuletzt war er
Senior daselbst und starb 1643.

Des Melchior und der Anna Maria Maerklin Sohn war
Friedrich Jakob Maerklin, geb. 1637 zu Nellingen, 1659 Pfarrer
zu Neckargröningen, 1666 Pfarrer zu Obereßlingen, gestorben 1700;
— verheiratet zuerst mit Anna Maria Eisenschmied — wie
Haug bemerkt ein sehr selten vorkommender Name, die einzige Spur
ein Glaser Eisenschmied in Nürtingen, der 1587 eine Rosine Burger
heiratet. Doch lesen wir jetzt in der Allgemeinen deutschen Bio=
graphie XV S. 615, daß ein Straßburger Professor Eisenschmied
die Logarithmentafeln Keplers herausgegeben hat, welcher nach
Band V S. 773 der Sohn eines wirklichen Eisenschmieds und selbst
Arzt und Mathematiker war, geb. 1656, gest. 1712.

Von Friedrich Jakobs zweiter Frau (1681), Regina Magdalena Beuerlin,
Tochter des Pfarrers zu Dußlingen, stammen die Märklin zu Freudenstadt und
Tübingen (Apotheker), zu Stuttgart (Kaufleute), Plieningen (Ärzte), ferner
Graf Tillen (s. Faber a. a. O. XXII S. 109).

Jakob Friedrich — wie Haug schreibt — oder **Johann
Friedrich,** nach Faber a. a. O. S. 103 und 104, Friedrich Jakob
Maerklins Sohn, geb. 17. September 1664 zu Neckargröningen,
gestorben 1707 als Diakonus zu Sulz, wohin er 1692 ernannt
worden war, hatte gleichfalls 2 Frauen: Maria Reuß, Tochter des

Rentkammerbuchhalters Reuß und der Anna Maria Bengel, dann nach deren Tod 1694, die Anna Maria Rümelin, Tochter des Physikus Anastasius Rümelin zu Urach, früher bis 1671 zu Kirchheim und der Anna Maria Glockengießer.

Johann Friedrich Maerklin genoß 1687 das Römersche Stipendium.

Anastasius Rümelin hatte zum Vater den J. Rümelin, oder wie er sich selbst schrieb Remmelin, auch Rhümelin. Dieser war 1585 zu Ulm geboren, inskribierte auf der Universität Tübingen 1601, wurde 1604 Magister, der erste seiner Promotion, 1607 Dr. med. zu Basel, wurde dann Stadtphysikus in Ulm, zog aber wieder weg infolge von Streitigkeiten mit den anderen Aerzten, 1619 und noch 1628 Stadtphysikus zu Schorndorf, gab in diesen Jahren Abhandlungen über die **Ferinae Welzheimenses** (das Welzheimer Wildbad) heraus; zog dann nach Aalen, endlich nach Augsburg.

Dieser J. Rümelin war berühmt, besonders als Anatom. Sein **catalogon anatomicum** erschien zuerst 1619, später noch oft, auch in Holland, England und Italien. Sein Sohn Ludwig übersetzte dasselbe 1632, der Verleger hieß gleichfalls J. Remmelin, Bürger und Buchhändler zu Ulm.

J. Rümelin starb nach 1633. Seine 1612 ihm angetraute Gattin, die Mutter des Anastasius, war Elisabeth, geb. 1579 zu Tübingen, — höchst wahrscheinlich die Tochter des Dr. theol. Joh. Besenbeck, welcher, seit 1577 Diakonus in Tübingen, den damals vielfach auf Reisen abwesenden Jakob Andreä (s. unter IV zu 2) auf dem theologischen Lehrstuhl zu vertreten hatte, dann 1580 Stadtpfarrer und Spezial zu Göppingen, 1582 Pfarrer am Münster und 1590 Superintendent in Ulm wurde. Dr. Besenbeck hatte gleichfalls eine Elisabeth, geb. Demler, zur Frau, und so stammte mütterlicherseits die Elisabeth Rümelin, geb. Besenbeck, von dem schon früher genannten Tübinger Professor der Rechtswissenschaft Anastasius Demler ab, dessen Vorname sich dann auf den Urenkel vererbte, jenen Anastasius Rümelin, der Anna Maria Märklin Vater.

Der letzteren Mutter soll Anna Maria, geborene Glockengießer, gewesen sein, wahrscheinlich eine Tochter des Kaufmanns J. Glockengießer zu Ulm und durch ihre Mutter eine Enkelin des J. Rümelin, — sie selbst also eine Nichte ihres Gatten.

„Die Familie der Rosenhart, genannt Glockengießer, kommt schon im XIII. Jahrhundert vor zu Nürnberg, später zu Ulm. J. Wolfgang Glockengießer war 1704 Pfarrer zu Herwelfingen. Mehrere Stadtphysici in Ulm und Geislingen. Unter den Nürnberger Gl. ist der berühmteste Hermann Gl., Bürger, des Rats, welcher mit seiner Ehegattin Elisabeth, geb. Haib — aus einem alten Nürnberger Geschlecht — den großen, reich ausgestatteten Spital und die Kirche St. Leonhard zu Lauffen (bei Nürnberg) stiftete, bestätigt vom Papst und König Wenzel. Die Stifter haben ihr Begräbnis darin. Auch später heiraten die Glockengießer in Nürnberger Patrizierfamilien." [Haug].

Des Johann Friedrich und der Anna Maria Maerklin, geb. Rümelin, Sohn hieß wieder **Friedrich Jakob Maerklin.**

Geboren 7. August 1697 zu Sulz, wurde er 1732 Pfarrer zu Unterreichenbach und 1735 zu Altburg. Er heiratete 1732 Christine Katharine Raith und trat damit in einen sich so weit verzweigenden Verwandtenkreis ein, daß wir uns vorbehalten müssen, darauf erst später in einem besondern Abschnitt näher einzugehen.

s. unten IV.

Aus dieser Ehe entsprossen drei Söhne:

Der älteste war Johann Friedrich Märklin, geboren zu Unterreichenbach 6. Februar 1734, 1760 Repetent, 1762 Diakonus zu Waiblingen, 1767 desgl. zu Tübingen, 1784 Amtsdekan, 1786 Stadtpfarrer daselbst, daneben seit 1779 Privatdozent, 1786 außerordentlicher Professor der Theologie an der Universität und Dr. theol.; 1792 Propst zu Denkendorf und Generalsuperintendent, Mitglied des engern landschaftlichen Ausschusses, gestorben 13. März 1804 zu Stuttgart; seit 1764 verheiratet mit Dorothea Gottl., Tochter des Professor jur. Christian Heinrich Hiller zu Tübingen.

Von ihren 3 Töchtern heiratete

Johanna Christiane, geb. 1769, den Konsulenten Karl Gottlob Neundorf in Eßlingen,

Elise Dorothea, geb. 1771, den Oberjustizrat Georg Philipp Faulhaber in Eßlingen,

Dorothea Gottliebin, geb. 1773, den Gymnasialprofessor Barbili in Stuttgart.

Ein Enkel der letzteren ist der Oberkonsistorialrat und Stiftsprediger Dr. Karl Christian Gottlieb Burk in Stuttgart, geboren zu Frauenzimmern am 19. Mai 1827. Auch zu dessen Stammvätern gehören also die in den Abschnitten II und IV aufgeführten Ahnen.

Friedrich Jakob Maerklins zweiter Sohn war Konrad Friedrich Märklin, geb. zu Altburg 21. Februar 1736, 1770 Expeditionsrat, Stabskeller, auch Festungskommissär auf dem Hohentwiel; in dieser Eigenschaft hatte derselbe teilzunehmen an den Unterhandlungen über die Übergabe der Festung am 1. Mai 1800, auch während der Demolition der Festungswerke dort zu bleiben bis in den März 1801. Er starb 1802. 1767 hatte er sich mit Susanne Magdalene, einer Tochter seines Amtsvorgängers auf Hohentwiel, Alexander Weiß, verheiratet. Sie hatten einen Sohn, Ernst Friedrich, geb. 1771, zuletzt Oberamtsrichter in Urach.

Der dritte Sohn Friedrich Jakobs endlich **Friedrich August Märklin** ist im Jahr 1739 zu Altburg geboren, wurde 1765 Rechnungsprobator zu Nagold, 1766 Rentkammerbuchhalter, 1779 Rechenbanksrat bei dem Kirchenrat in Stuttgart und starb am 24. Januar 1800.

Seine Gattin war seit 1768, 26. Juli, Friederike Christine Rosine Rapp, geb. 1743, gest. 1804, 28. April zu Bebenhausen, eine Tochter des Stabsamtmanns Johann David Rapp zu Stetten.

Auch den Rappschen Verwandtenkreis werden wir besser hier außer Betracht lassen und für sich behandeln.

s. unten III.

Friedrich August Märklin hatte 3 Söhne und 3 Töchter:

1. Johanne Friederike, Gattin des Amtmanns Neuffer in Oberlenningen, gest. am 20. Januar 1847, ohne Kinder;

2. Jakob Friedrich, geb. 12. Februar 1771, zu Stuttgart, im evangelisch-theologischen Seminar zu Tübingen in der Promotion von Hegel, Hölderlin, — welcher auch Karl Ludwig Reyscher von Unterriexingen, der mütterliche Großvater des Herausgebers dieser Familienpapiere, angehört hat (s. A. L. Reyscher, Erinnerungen aus alter und neuer Zeit, 1884, S. 5), — 1802 Professor in Bebenhausen, 1807 in Maulbronn, 1814 Dekan in Neuenstadt, 1821 Prälat in Heilbronn, gest. 18. Juni 1841; — verheiratet mit Friederike, Tochter des Professors der Rechtswissenschaft Christian Gottfried Hoffmann; — Vater der Frau Dekan Heyd in Heilbronn und zuletzt in Untertürkheim, Großvater der Frau des Oberbibliothekars Heyd in Stuttgart; — auch der Vater von Professor Christian Märklin in Heilbronn, des Kompromotionalen von Gustav Ferdinand Haug (s. oben 1) — vergl. Christian Märklin, Ein Lebens- und Charakterbild von D. Friedrich Strauß, Mannheim 1851; Allg. Deutsche Biographie XX S. 384; — endlich der Großvater von Professor Eduard Märklin in Stuttgart.

Diese letzteren haben mit den Haugschen Verwandten die sämtlichen in den Abschnitten II, III und IV aufgeführten Vorfahren und Stammväter gemeinschaftlich.

3. Juliane **Luise**, geb. 12. Februar 1774, gest. 27. Mai 1823, Gattin des Professors Johann Friedrich Gottlob **Haug**;
s. oben I.

4. **Wilhelmine** Jakobine, geb. 14. März 1778, gest. 21. November 1832, — die zweite Großmutter **Haug**;
s. oben I.

5. Johann David, geb. 12. Juni 1781, gest. 1820 als Rentamtsassessor in Bartenstein, verheiratet mit Marie Susanne Flatt von da;

6. Friedrich August, geb. 1784, gest. im September 1838 als Kaufmann in Crefeld, verheiratet mit Katharine Rosa Montandon.

Die Geschichte der Familie Märklin, soweit sie zugleich die Familie Haug berührt, gruppiert sich nach dem Vorstehenden zunächst um den von Donauwörth nach Marbach gezogenen ältesten Stammvater Claus, welcher um 1450 lebte, sodann, mehr als hundert Jahre später wieder beginnend, um die Pfarrherren, meist die Senioren ihrer Generationen,

Markus Märklin, geb. 1577, gest. 1617,
Melchior (Martin) Märklin, geb. 1612, gest. 1673,
Friedrich Jakob (I) Märklin, geb. 1637, gest. 1700,
Johann Friedrich (I) Märklin, geb. 1664, gest. 1707,
Friedrich Jakob (II) Märklin, geb. 1697, gest. 1753,

endlich um die drei Söhne des letzteren:

Johann Friedrich (II) Märklin, geb. 1734, gest. 1804,
Konrad Friedrich Märklin, geb. 1736, gest. 1802,
Friedrich August Märklin, geb. 1739, gest. 1800.

Wie der zweite der bekannten Haugschen Ahnen, so ist auch der Märklinsche Stammvater Claus von auswärts nach Wirtemberg eingewandert oder vielleicht auch nur zurückgewandert, nur um drei Jahrhunderte früher, als jener Johann Friedrich Haug, und nicht von Westen, sondern von Osten her, aus Donauwörth, welches, bis dahin Freistadt, 1458 erstmals von dem Wittelsbacher Herzog Ludwig dem Reichen für Bayern=Landshut erobert worden war (Allg. Deutsche Biographie XIX S. 510). Schon die ersten Nachkommen des Stammvaters, insbesondere die beiden Enkel Marcoleon, die Urenkel Johann Michael Fickler und Anastasius Demler, zeigten sich als hervorragend tüchtige Leute. Allen Generationen voran aber leuchtet seiner Urenkelin Enkel Johannes Kepler.

Von Keplers Zeitgenossen, Markus Märklin, an bewegten sich sodann in kleineren, engeren Kreisen während des XVII. und XVIII. und bis gegen die Mitte des XIX. Jahrhunderts die würdigen Geistlichen evangelischer Konfession mit dem Namen Märklin, der erste, Markus, ein Spezial oder Dekan, die beiden letzten, wenn man von dem bald zum Lehramt übergetretenen Christian absieht, Prälaten, alle übrigen einfache Landpfarrer, jeder wohl zuerst Klosterschüler, dann baccalaureus und magister, der eine und andere auch Repetent, darauf jeder auf einer oder zwei Pfarreien bis zu seinem Tode, welcher freilich die meisten schon im besten Mannesalter ereilte: den Markus mit 40, den Johann Friedrich mit 43, Friedrich Jakob I. mit 56, den Melchior mit 62, Friedrich Jakob II. mit 63 Jahren. Auch Christian Märklin in Heilbronn wurde schon wenige Monate nach zurückgelegtem 42. Lebensjahre einem reichen Wirkungskreise durch den Tod entrissen. Die zwei Prälaten allein erreichten die 70. Drei dieser Märklin waren zweimal verheiratet. Friedrich Jakob I. hatte von 2 Frauen 9 Kinder. Von größerem Kindersegen ist bei den Märklin sonst nicht zu berichten. Nur bei Dr. Besenbeck wäre von 17 Kindern zu erzählen gewesen.

Auch von den Frauen stammten mehrere aus geistlichen Familien, so gleich die Ehefrau des Markus, eine Tochter des Königsbronner Abts Melchior Hägelin. Der nach dem Großvater benannte Sohn des Markus, Melchior, führt in zweiter Ehe die Tochter des Universitätskanzlers Tobias Wagner heim. Weiter begegnen wir den Töchtern von Juristen und Ärzten, von Verwaltungsbeamten und Forstleuten, von Kaufherren und Handwerkern. Einzelne der Ahnen gehörten auch wohl zur Landschaft oder saßen gar im ständischen Ausschusse, einzelne standen selbst in Beziehungen zu den Herzogen von Wirtemberg. Der Sitz der Familie ist vorzugs=

weise in den Thälern der Murr und der Bottwar, im Neckarlande, in Stuttgart, Tübingen und deren Umgebung. Aber auch über Altwirtemberg hinaus eröffnen sich Aus- und Einblicke in das reichsstädtische Getriebe zu Eßlingen, Gmünd, Heilbronn, Nürnberg, Ulm, Weil der Stadt und auf das große Welttheater in Bayern und Österreich. Wir sehen, wie die Reformation und Gegenreformation auf das Leben im Innern der Familien zurückwirkte, wie die Freundschaft eines Melanchthon bei den Jugendgenossen einen unverwischbaren Eindruck hinterließ und ihrem ganzen Leben eine Weihe gab.

„Sittlich streng, aber dogmatisch liberal; unerschrocken im Kampfe für Freiheit und Recht, doch innerhalb fest bestimmter Grenzen; ebenso sehr gegen transscendentes Schwärmen ihrer eigenen Vernunft auf der Hut, als gegen die Zumutung der Auktorität, unverständliche Glaubenssätze anzuerkennen: so war das Geschlecht jener Männer!" Mit diesen Worten glaubt Strauß a. a. O. die Märklin charakterisieren zu können, mit denselben sei nun auch hier der ihnen gewidmete Abschnitt unserer Familiengeschichten geschlossen.

III.

Die Familien Rapp, Prinz, — Wagner, Nicolai, Sattler, — Gaisberger, Kühorn, Mager, — Mezger, — Hermann.

Die Großmutter von Karl Friedrich Haug, Friederike Christine Rosine Märklin, geboren zu Stuttgart 1743 oder anfangs 1744, gestorben zu Bebenhausen am 28. April 1804, war die Tochter von **Johann David Rapp.** Dieser, geboren 1718, soll ein Bauernsohn von Nußdorf gewesen sein, wo, wie in der Umgegend, die Rapp zahlreich sind. Er wurde 1743 Stiftungsverwaltungs-Oberskribent zu Stuttgart, 1744 Renovator bei der Stiftungsverwaltung, 1747 Renovator bei dem Kirchenrat, 1753 Renovationskommissär, dann 1757 im November murrhardischer Stabspfleger zu Westheim im Rosengarten, 1760 Stabsamtmann und Schloßverwalter, auch Amtsschreiber zu Stetten im Remsthal. Dort resignierte er im März 1788, ersetzt durch seinen Sohn David, und starb am 1. April 1789. Seit April 1743 war er verheiratet mit Elisabeth Rosine Prinz, geb. 1721, gestorben 1801, 29. März, zu Stetten. Aus dieser Ehe stammten

1. Friederike Christine Rosine, geb. 1743 oder anfangs 1744, verehelichte Märklin, s. Abschnitt II.

2. Christiana Elisabeth, geb. 1745, verheiratet 1768 an F. August Gottlieb, Kirchenratskammerrat; gest. 1797. Sie selbst starb 1813 zu Stuttgart. Ihr Sohn Gotthold August erhielt 1800

gleichfalls den Charakter als Kammerrat (Dienerbuch S. 154, 156)
und war verheiratet mit Wilhelmine Henriette Groß.

3. **Johanne Jakobine Rapp**, geb. 1747, blieb unverheiratet, wohnte im Schloß zu Stetten, dann im Flecken, wo sie ein Haus erwarb. „Eine fromme demütige liebevolle Seele." Die Versammlungen (der sog. Stundenleute) wurden bei ihr gehalten. Sie starb am 7. Februar 1829.

4. **Ernst Friedrich Rapp**, geb. 1750 (?), Substitut bei seinem Vater und später bei dem Bruder David, dann Notar und Landwirt zu Stetten, gestorben, 85 Jahre alt, am 5. April 1836. Aus erster Ehe hatte er einen Sohn August, geb. 1795, Schreiber, Soldat, gestorben nach den französischen Feldzügen im Jahr 1816 oder 1817; — aus der zweiten Ehe mit der Tochter eines Weingärtners zwei Töchter: die eine verheiratet mit Mechanikus Geiger in Stuttgart, die andere mit Graveur Dietelbach zu Stetten.

5. **David Rapp**, geb. 1758 im Januar zu Westheim, besuchte die Schule zu Kirchheim, das Gymnasium zu Stuttgart, war Schreiber bei dem Vater, studierte in Tübingen 1777—1780, wurde Kanzleiadvokat, 1787 Auditor bei der Gardelegion, bis 1788 der Vater die Stabsamtmannsstelle zu Stetten an ihn abtrat (Dienerbuch S. 536); Titel eines Rats, 1803 Tutelarsekretär (Dienerbuch S. 99), 1817 Kanzleirat, Kanzleidirektor bei der Stadtdirektion zu Stuttgart, pensioniert 1822, gestorben 1826, 3. Sept., 78jährig. Seine Frau war eine geborene Lotter, die Ehe kinderlos.

Damit würde die Geschichte der Rappschen Verwandten beendigt sein, wenn nicht auch hier wieder Dank den Forschungen des Urenkels über die Vorfahren der Frau des Johann David Rapp weitere Mitteilungen gemacht werden könnten.

Diese, Elisabeth Rosine, war die Tochter von **Philipp Friedrich Prinz**, der am 20. Juni 1681 im Elsaß geboren wurde. Derselbe hatte 1710 eine Anstellung als fürstlich wirtembergischer Lakai erlangt, wurde 1718 Leiblakai, 1734 Hoffourier, 1751 Kammer- und Hoffourier, zugleich Ballmeister, und starb am 2. November 1762 in dem hohen Alter von 82 Jahren zu Stuttgart.

Philipp Friedrich Prinz aber war der Sohn von **Karl Friedrich Le Prinz von Courtenbusch**, Kapitänlieutenant unter dem kaiserlichen Generallieutenant Herzog von Lothringen. Nachdem durch die Reunionen von 1680 Lothringen zu Frankreich gekommen war, wurde derselbe von dort vertrieben, wandte sich dann zunächst nach Reichshofen im Elsaß, von wo er aber 1683 gleichfalls fliehen mußte, jetzt der Religion wegen. Der Aufhebung des Edikts von Nantes von 1598 im Oktober 1685 sind ja schon schwere Verfolgungen der französischen Reformierten vorangegangen, glücklich diejenigen, welche oft nur das Leben durch die Flucht zu retten vermochten. Es war Tradition in der Familie, daß auch Karl Friedrich Le Prinz Haus, Hof und Güter habe im Stiche lassen müssen und nur seine Bibel über den Rhein habe bringen können. Bis 1686 lebte er auf dem Gültlingenschen Rittergut Teufringen und starb 1689 zu Teinach. 1692 verlor die Witwe abermals alles, was sie hatte, durch die französischen Mordbrenner an 3 verschiedenen Orten.

In der Leichenrede seiner Frau wird er „Brentz" genannt. Sohn und Enkel schrieben „Prinz". Das Wappen, welches auf einem Siegelstock in den Händen des Herausgebers sich befindet, ist ein adeliges: weißer Schild mit blauem Querband, darüber ein, wie es scheint, goldenes Andreaskreuz, — gekrönter Helm mit einem Flügel und Federbusch. „Über die weitere Abkunft war nichts sicheres zu erfahren. In Schlesien kommt seit dem XVI. Jahrhundert eine freiherrliche Familie dieses Namens vor, jedoch mit ganz verschiedenem Wappen (Gauhe, Adelslexikon I 1239, II 1724). Vorher schon soll sich ein Zweig dieser vornehmen Familie in der Pfalz ausgebreitet haben, aus welcher Marquard Ludwig von Prinz, preußischer Geheimerat, gest. 1725, stammte. Im Jahr 1675 lag zu Botenheim in Schwaben das Prinzische Reiterregiment (Brandenburg?). — Anlangend den zweiten Namen von Courtenbusch, so wurde dem 1731 geborenen Nürnberger Arzt G. F. Kordenbusch sein bisheriger Adel konfirmiert und derselbe unter dem Namen Kordenbusch von Buschenau in den Reichsadelstand erhoben. Dieser starb 1802 (Nürnberger Gelehrtenlexikon)." [Hang].

1680, neun Jahre vor seinem Tode, heiratete Karl Friedrich Le Prinz die Tochter des Kronenwirts J. Georg Kepler von Calw, Maria Barbara, geb. 1654. Der Vater war kein Abkömmling des Astronomen, aber ohne Zweifel des gleichen Geschlechts. Hatte doch Johannes Kepler selbst 6 Brüder, ebensoviele Oheime und 3 Großoheime, alle mit dem Namen Kepler. Und auch des Johannes Vater war, wenigstens eine Zeitlang, Wirt zu Elmendingen bei Pforzheim, ebenso der Schwiegervater Guldenmann Wirt und Schultheiß in Eltingen. Der Kronenwirt J. Georg Kepler zu Calw hatte außer der Tochter auch drei Söhne, von welchen der eine, J. Jakob, 1664 magistrierte und später

Pfarrer zu Elbronn (1670—74), Gochsheim (1674—90), Löchgau (1690—1714) wurde, der zweite, J. Friedr., Hirschwirt, und der dritte, G. Friedr., Kronenwirt zu Teinach war, bis 1681 Pächter, dann Eigentümer der jetzigen Bab=wirtschaft mit dem Sauerbrunnen. Auch die Bärenwirtschaft in Wildbad (die vornehmste daselbst) kam bald an die Familie. Durch Töchter vererbten sich alle bis in das jetzige Jahrhundert.

J. Georg Keplers Frau, Elisabeth, geb. 1620, stammte von Jakob Essich, Bürgermeister zu Bulach, geb. 1583, gest. 1634. Der älteste nach=weisbare Essich hieß Sebastian und stammte uß der Oberthönach in Tirol. Derselbe erhielt von Papst Alexander VI. durch den Kardinal Raymund, der damals zu Calw weilte, 1502 einen Jndulgenzbrief für sich und seine 5 Kinder, zu welchen im darauffolgenden Jahr noch ein Sohn Matthäus kam. Wäre das richtig, so kann dessen Sohn Georg nicht der Wildbader Vogt Georg Essich gewesen sein, welcher schon 1530 einen Wappenbrief von Kaiser Karl V. erhalten hat. Der Vogt Georg Essich heiratete auch schon 1517 die Sabina Jantt von Cannstatt, die Tochter des unglücklichen Vogts Konrad Baut, welcher, auf die verhängnisvollen Ratschläge des Kanzlers Ambrosius Bolland, „der wie eine Spinne aus Honig Gift zu machen verstand," ein Opfer der unbändigen Natur des Herzogs Ulrich in den Anfängen seiner Regierung, — „durch die Folter zu der Urgicht genötigt, als habe er seinen Herrn des Regiments entsetzen wollen," mit Sebastian Brenning von Weinsberg am 11. Dezember 1516 hingerichtet — nach dem Dienerbuch „decolliert", nach Stälin IV S. 144 geviertteilt wurde, und dessen noch auf dem Rad liegenden Leichnam erst der mit dem Bundesheer in Wirtemberg einziehende Sohn Johann, Mitglied des österreichischen Regiments, zu einem ordentlichen Begräbnis zurückerlangen konnte. Und noch übler erging es dem Konrad Brenning von Tübingen, dessen wir unten IV 3 zu gedenken haben werden.

Des Konrad Baut Vater hieß Joh. Jantt (Vogt), gen. zum Stock, und war Schultheiß von Zuffenhausen schon 1448. Seine Mutter Elisabeth, Edle von Plieningen und Wangen. Schon 1334 finden sich die Jantt als Bürger zu Stuttgart. Des Konrad Baut Gattin erster Ehe war Katharine Trautwein, aus einer Bürgerfamilie, welche in Stuttgart schon 1411, früher in Gröningen (vor Mitte des XII. Jahrhunderts — codex Hirsangensis), im XIV. Jahr=hundert auch in Weil der Stadt und Vaihingen vorkommt.

Von Georg Essich stammte Bartholomäus, Vogt zu Bulach, ab, gest. 1584, — außerdem der unten IV 4 zu erwähnende Schultheiß Johann Konrad Essich zu Rutesheim, gest. 1576; — sodann von Bartholomäus und dessen Frau Margarethe (?) der Bürgermeister J. Essich zu Bulach. Des letzteren Frau war die im Jahr 1605 gestorbene Elisabeth (Katharina), Tochter des Hans Schauber, Michaels Sohn, von Calw. Ob dieser Hans Schauber der Mitstifter des Färberstifts (1621) war, ist zweifelhaft, weil dieser letztere erst 1634 starb, Frau Elisabeth aber schon 1605. Ein J. Schauber, genannt „Freudenhaus", vornehmer Handelsmann, kam 1634 bei der Zerstörung Calws, wie Joh. Valentin Andreä erzählt, elendiglich ums Leben.

Der Sohn des 1601 gestorbenen Bürgermeisters J. Essich endlich war der zuerst genannte Vater der Elisabeth Kepler und Großvater der Maria Barbara Prinz. Derselbe ist 1583 geboren und starb 1634. Seine im Jahr 1615 ihm angetraute zweite Frau Maria war die Tochter eines früheren Bulacher Vogts und nachmaligen Kellers zu Wildberg, Georg Fischer, geb. 1571, gest. 1650, und Enkelin des Calwer Kaufmanns J. Heyd, welcher im Jahr 1548 nach dem Schmalkaldischen Krieg während des Interim dem evangelischen Prediger Markus Heiland zur Flucht nach Straßburg behilflich gewesen ist.

Maria Barbara Prinz, geborene Kepler, 1689 nach 9 Jahren Witwe geworden, heiratete 1705 den Michael Müller, Amtspfleger und Schultheißen zu Bernhausen, den Großvater des Kupferstechers Professors Müller, und trat 1707 sogar noch in eine dritte Ehe mit dem Handelsmann J. Straub, Mitglied des kleineren Rats der Stadt Eßlingen. Dort starb sie 1717, 63 Jahre alt.

Doch alle die hier aufgeführten Angehörigen der Keplerischen Sippe und der Familien Essich, Jant, Schauber, Fischer, Heid u. s. w., — sie waren keine Blutsverwandte der Familien Haug-Märklin-Rapp, da Philipp Friedrich Prinz, der Vater der Ehefrau des Joh. David Rapp von Stetten, aus einer früheren Ehe seines Vaters, und nicht von jener Maria Barbara abstammte.

Dagegen sind wirkliche Blutsverwandte die Vorfahren der zweiten Frau des ebengenannten Philipp Friedrich Prinz selbst, der ihm seit 1721 vermählten Maria Elisabeth, geb. Wagner, geb. 1697 und 1771 noch am Leben.

F. F. Faber, Die württ. Familienstiftungen VI. H. S. 43 und 33, S. 47 und 49.

A. Die Wagner.

1. Der älteste bis jetzt ermittelte Tobias Wagner, Kupferschmied zu Nördlingen, noch 1607 bis 1611;

2. Georg Wagner, Kupferschmied und Gerichtsverwandter zu Heidenheim, verheiratet mit Maria Reutter von Ulm;

3. **Tobias Wagner**, geb. zu Heidenheim 1598, magistrierte 1623, wurde 1624 Diakonus zu Eßlingen, 1632 Pfarrer daselbst und Superintendent, 1653 Professor der Theologie zu Tübingen — professor controversiarum — Ephorus des Stipendiums, Dekan, 1654 Dr. theol., Rektor, 1656 Prokanzler, 1662 Propst und Kanzler der Universität, — ein namhafter Theologe, der gegen Campanella und Vanini, gegen Balthasar Beckers Kritik des Gespensterglaubens, gegen die Einigungsversuche zwischen Reformierten und Lutheranern kämpfte, ja seine Polemik noch auf den Islam ausdehnte (Klüpfel

in der Oberamtsbeschreibung von Tübingen 1867 S. 286), s. auch
Klüpfel, Die Universität Tübingen 1877 S. 40. Weizsäcker, Lehrer
und Unterricht an der evangel. theolog. Fakultät, 1877, S. 66—79,
nennt Wagner einen Mann von starkem Kraftgefühl. Derselbe starb
am 13. August 1680. Verheiratet war er seit 1624 oder 1625
mit Anna Katharina Nicolai, geb. 1604, gest. 1670 im Mai.
    s. B. 3.
    Aus dieser Ehe hatte er 16 Kinder. Er erlebte 44 Enkel,
1 Urenkel. Eine Tochter war die zweite Frau des Melchior Märk=
lin (s. oben II).
    4. Georg Konrad Wagner, geb. zu Weil bei Eßlingen
1634; 1652 Diakonus in Kirchheim, 1653 in Weilheim, 1659 in
Herrenberg, 1661 Pfarrer zu Entringen, 1666 zu Gültstein, 1676
in Kloster Reichenbach, 1679 in Unterweissach, gest. 1696; — ver=
heiratet mit Elisabeth Hermann von Kirchheim, geb. 1634,
    s. F. 6.
    5. Christoph Wagner, geb ca. 1665, gest. 1735, Stadt=
und Amtssubstitut zu Kirchheim, verheiratet 1695 mit Anna Maria
Kreuser, gest. 1710, Tochter des Bürgermeisters August Kreuser
von Kirchheim, wohl eines Verwandten des Wagner.
    6. Maria Elisabeth, geb. 1697; sie lebte noch 1771 zu
Kirchheim; seit 1721 Gattin des damaligen Leiblakaien und späteren
Hoffouriers Philipp Friedrich Prinz — s. oben.

B. Die Nikolai.

    1. Melchior Nicolai, geb. zu Gmünd, aus der honesta
familia der Klaus (noch 1662 war ein 80jähriger Mann aus dieser
Familie, ein Blutsverwandter der Nicolai, katholischer Priester zu
Neuhausen). Melchior wurde evangelisch und zog nach Schorndorf,
da der Rat zu Gmünd, welcher schon 1528 angefangen hatte, die
lutherische Sekte zu unterdrücken, 1574 seine evangelischen Bürger
verjagte (so auch die Breunlin s. oben II).
    In Schorndorf Bürger und Gerichtsverwandter, heiratete
Melchior Nicolai die Ursula Sattler,
    s. C. 7.
welche früh starb. Der Sohn beider ist

2. **Melchior Nicolai**, geb. zu Schorndorf 1578, 4. Dezember, 1596 baccalaureus, 1598 Magister, 1603 Diakonus in Waiblingen, 1608 Pfarrer in Stetten, 1617 Dekan in Marbach, 1619 **Theol.** Professor extraordinarius zu Tübingen, 1621 Abt zu Anhausen, zu Lorch (Mitglied des engeren landständischen Ausschusses), 1625 Abt zu Adelberg, zugleich Generalsuperintendent. Dazwischen immer wieder auf seine Tübinger Professur zurück. 1629 in Adelberg vertrieben (Restitutionsedikt), 1630 **Theol. Professor ordinarius**, Dekan der Georgenkirche, Superattendent des Stipendiums, 1632 Rektor der Universität.

Rastlose Polemik gegen Ubiquisten, Katholiken, besonders die Dillinger Jesuiten (Der Streit des Herrn, Geist des Elias, **Malleus Pontificiorum**). Seit 1634 Zeit der schwersten Kämpfe um die evangelische Predigt in der Georgenkirche und die Behauptung des Kanzleramts gegen die Jesuiten (Zellers Merkwürdigkeiten von Tübingen S. 683 ff. 691. 695). Das Wort: „**Mentiris jesuita!**" ist von ihm. 1638 Procancellarius, 1642 abermals in den engeren landständischen Ausschuß gewählt. 1650 Landpropst in Stuttgart und Konsistorialrat, gest. 13. August 1659, 80 jährig.

Die Leichenrede hielt der Schwiegersohn Tobias Wagner; s. auch Fischlin II 92. Sein Bild bei Freher **Theatr. Tab. 28**. Sein Epitaph in der Stiftskirche zu Stuttgart.

Melchior Nicolai war zweimal verheiratet, zuerst 1603 mit Katharina, Tochter des Elias Nußbeck, Gerichtsverwandten zu Waiblingen, Witwe des Melchior Deiz, Ratsverwandten daselbst. Sie ist geboren 1577, gest. 1637, 6. Oktober und schenkte dem Nicolai 7 Kinder.

Auch die zweite Frau, Margaretha, Tochter des G. Grüb, Bürgers zu Stuttgart, mit welcher Nicolai 1638 getraut wurde, war vorher vermählt mit seinem Vorgänger auf dem Katheder, dem Dr. theol. Thummius, der 1630 als Staatsgefangener auf Hohentwiel gestorben sein soll. Von diesem heißt es in der Oberamtsbeschreibung von Tübingen S. 286: ein Virtuos im Disputieren und Verketzern, der Vorkämpfer der Tübinger Fakultät in dem Streit mit der Gießener Universität über die Kenosis und Krypsis, welcher schließlich wegen des Vorwurfs gegen das Haus Habsburg, daß mehrere Mitglieder desselben, welche Verwandte geheiratet hatten, in blutschänderischer Ehe lebten, seine Verketzerungssucht mit Gefangenschaft habe büßen müssen, die ihm nach 2 Jahren den Tod gebracht habe. — Diese Geschichte ist in der Hauptsache falsch.

Thumminus starb nicht auf Hohentwiel, sondern zu Hause in Tübingen, und seine Gefangenschaft hatte nur kurze Zeit gedauert.

s. Weizsäcker a. a. O. S. 52. 62 ff.

Von der zweiten Frau hatte Nicolai noch 11 Kinder.

Aus der ersten Ehe stammt

3. Anna Katharina, geb. 1604, gest. 1670, seit 1624 oder 1625 Gattin des Universitätskanzlers Tobias Wagner,

s. oben A. 3.

C. Die Sattler.

Der ältere Nicolai und seine Gattin Ursula, geb. Sattler, (s. B. 1) waren Zeitgenossen Luthers. Die Voreltern der Frau lebten daher großenteils noch im Mittelalter.

„Die Sattler zählten unter die vornehmsten Familien Waiblingens; sie konnten mit anderen 1459—1488 die schöne äußere Kirche daselbst und darin, 1489, eine eigene Seitenkapelle unweit des Taufsteins bauen, wo ihre Grabsteine standen und eine Tafel mit den Bildern aller Nachkommen des Stifters bis 1622 mit ihren Frauen und Wappen, — darunter waren 4 Priorinnen der Klöster Kirchheim und Gnadenzell (Offenhausen). Die Tafel befand sich 1704 im Besitz des wirtembergischen Geschichtschreibers Archivars Sattler. Das Wappen der schwäbischen Sattler ist in blauem Felde auf einem Aste sitzend ein Adler mit gespreizten Flügeln, nach rechts gekehrt; auf dem gekrönten Helm 2 weiße Flügel, auf denen goldene Äste (Siebmacher III 111)." [Haug].

1. Agnes (als Witwe) Priorin des Frauenklosters zu Kirchheim um 1442—1450; im Jahr 1447 kommt sie als Pflegerin, d. i. Verwalterin, der St. Johannis=Pfründe vor, welche neben anderen das Kloster schon 1310 hatte.

2. Der Agnes Sohn Ulrich Sattler lebte 1436 oder 1439 zu Waiblingen; sein Wappen, in Stein gehauen, befindet sich im Rathaus.

3. Johann Sattler, der ältere, Bürgermeister zu Waiblingen, dann Landschreiber und Vogt zu Urach 1491, 1493, 1498, gest. 1508 zu Waiblingen. Sein Epitaph ist von braunem Marmor. Verheiratet war er mit Margarethe Schönäugler, auch Schönnagel, Schinnagel.

Ein Bruder des Johann, Michael, Gerichtsverwandter zu Cannstatt, verheiratet mit Margarethe Vischer, erhielt 1476 einen Wappenbrief von Kaiser Friedrich III., dem Vater von Maximilian I. (Heß, Herrenberger Chronik), wird 1486 als Zeuge genannt.

4. Johann Sattler, Vogt zu Urach 1500, sitzt 1503 zu Pfullingen an offener Königsstraße vor dem Rathaus zu Gericht; noch 1510, gest. 1520; — seine Frau Barbara Geisbergerin
   s. D. 6.
starb 1512 im Frauenkloster zu Waiblingen und wurde in der Sattlerschen Kapelle dort beigesetzt.

5. Johann Sattler geb. 1491, gest. 1562, war schon 1520 zu Sindelfingen, 1528 Keller und Schultheiß daselbst, verfaßte für die Stadt ein Statutenbuch mit Abschriften aller Privilegien und Briefe derselben, später 1535 „uff. Joh. Baptista" (Dienerbuch) Vogt zu Backnang und Kammerrat des Herzogs Ulrich. Seine erste Frau war Anna Rielerin, gest. 1551, seine zweite Anna Rudolf von Cannstatt, gest. zu Waiblingen 1598.

6. Johann Michael Sattler, geb. 1520, 29. September zu Sindelfingen, gest. 1575, 25. Juli zu Schorndorf. Inskribierte zu Tübingen 1530 (zehnjährig?), wurde baccalaureus 1536, magister 1541, dann 1545 zu Tübingen Kaiserlicher Notarius. 1546 magister universitatis juratus et publicus notarius, etwa 1552 Stadtschreiber zu Schorndorf, — fromm, gelehrt, außerordentlich fleißig. Verheiratet mit Anna Mezger (Calwer),
   s. E.

Von den Söhnen des Joh. Michael Sattler ist zu nennen J. Melchior, geb. 1542, gest. 1605, Stadtschreiber zu Schorndorf, der mit seinen Brüdern von Kaiser Rudolf II. in den Adelsstand erhoben wurde, auch das adelige Gut zu Gärtringen besaß; sodann der 1554 geborene Johann Sattler, Kammersekretär des Herzogs Friedrich, 1607 mit Bearbeitung der Städte und Ämter zu dem bevorstehenden wichtigen Landtag beauftragt, starb 1619, 19. Juni nach 6 Uhr abends, seines Alters im 65. Jahr (Dienerbuch S. 103), der Urgroßvater des schon genannten Geschichtschreibers Sattler (Pfaff, Plutarch 1, 129).

Von den Töchtern des Joh. Michael: Sibonia, welche 1582 den M. Alexander Volmar heiratete, Diakonus in Ebingen 1582—1585, dann Pfarrer in Aichelberg, Beinstein, Grunbach und Großheppach, Sohn des verstorbenen Theobald Volmar von Weinsberg; ferner Agnes, welche 1607 die Gattin des Dionys Neuhäuser von Eßlingen wurde; endlich —

7. **Ursula Sattler**, die Gattin des älteren Melchior Nicolai;

s. B. 1.

D. Die Gaisberger, Kühorn, Mager.

1. **Fritz Gaisberger**, Bürger zu Schorndorf 1392—1416 Vogt daselbst, 1424—26 des Gerichts; verheiratet mit N. Rohrbekin, Tochter des Heinrich Rohrbek.

Empfing 1392 aus der Hand des Grafen Eberhard III., des Milden, von Wirtemberg die Hälfte des Zehnten zu Weiler und zu Hebsagg zu Lehen; besaß auch die Burg zu Schnait mit der Hälfte des Dorfs, welche ihm seine Hausfrau zugebracht. 1366 hatte Graf Eberhard II., der Greiner, von Heinz Rohrbek, Bürger zu Schorndorf, dem Gesellschafter des in diesem Jahr gestorbenen Grafen Ulrich IV., Aichschieß gegen Schnait eingetauscht.

Fritz Gaisberger gilt als der Stammvater. Die Gaisberger waren Bürger zu Schorndorf und als solche Dienstleute der Grafen von Wirtemberg. 1454 befreit Graf Ulrich gegen Abtretung eines Weinbergs zu Strümpfelbach seinen Bürger zu Schorndorf Konrad Geißberger auf sein Lebtag von allen Schultheißen- und Richter- und anderen Ämtern, auch von den Tagdiensten, Wachten und Frohnen, nur die Pferdefrohnen und Reisen ausgenommen (Sattler). 1456 Klage des Grafen Ulrich gegen die Agnes Gaisbergerin, Witwe des Ritters Rudolf von Balbeck, daß sie ihr Leib und Gut dem Land entfremden wolle, behaupte, sie sei keine wirtembergische Hintersäßin, nicht seine Leibeigene und Bürgerin, als andere die seinen zu Schorndorf. Auffallend ist, daß die Gaisberger in den Verzeichnissen der wirtembergischen Vasallen, bei Aufgeboten, Landteilungen, nie genannt werden, zwar in edle Familien heirateten, aber in das Regiment nicht aus dem Stand der Ritterschaft, sondern aus der Landschaft gewählt werden, so noch 1498 Hans Gaisberger (s. unten 5).

Nach Jakob Frischlin stammen die Gaisberger aus Waiblingen. Neuere denken auch an eine Abkunft aus der Schweiz, wo ein Gaisberg im Thurgau und 1504 bis 1529 ein Franz Gaisberger Abt zu St. Gallen war.

Das Wappen ist ein schwarzes, rechts gebogenes Horn (Widder oder Steinbock) in goldenem Schild (Siebmacher I. 113).

2. **Hans Gaisberg**, des alten Amtmann Fritzen Sohn, 1416 Vogt zu Schorndorf. Erhielt von Wirtemberg Wyler das Dorf unter Schorndorf und den Herrschaftshof zu Endersbach als Pfand. War Vogt noch 1455. Freischöffe des Vehmgerichts, starb 1465. Nach Schilling Geschlechtsbeschreibung Tab. 219, wo die Gaisbergerische Geschlechtstafel, der Bruder, vielleicht richtiger der Vater von

3. **Heinrich Gaisberg**, Vogt zu Schorndorf, gest. 1479, verheiratet mit Adelheid Tegen oder Degen, aus einer begüterten Familie zu Stuttgart und Urach.

4. **Hans Gaisberger**, 1479, 84 Vogt zu Schorndorf; verheiratet mit Engla Schelzin.

1473 J. Scheltz, genannt Kuchenmeister, Bürger zu Schorndorf; 1424 Konrad Scheltze, Vogt zu Waiblingen. In Eßlingen war ein Schelzthor; in Reutlingen an der Pfarrkirche ein prächtiges Steinhaus des Sigismund Scheltz, — soll älter sein als die Stadt, von Edelleuten bewohnt, welche die Edelleut an der Schaz hießen (Crusius).

Ein Sohn war Ulrich Gaisberg, verheiratet mit Katharina Truchseßin von Welzhausen; stiftete 1516 die Orgel in der Kirche zu Schorndorf und 1517 und 1528 135 fl. Zinse zu einer ewigen Lampe und Unterhalt von 3 Studierenden zu Tübingen zum Heil ihrer Seelen (Crusius). Hängt damit das Gaisbergerische Stipendium in Schorndorf zusammen? — Ein zweiter Sohn war

5. **Hans Gaißberger von Schorndorf**, — verheiratet mit N. Kuhornin.

1493 beim Hofgericht, auch 1509. 1497—1515 Vogt zu Stuttgart. Kündigte 1498, der erste unter den Amtleuten, dem Herzog Eberhard II. den Gehorsam auf, wurde sofort ins Regiment gewählt, — eines der hervorragendsten Mitglieder. Empfängt 1498 28. Mai zu Reutlingen von Kaiser Maximilian die Belehnung für Herzog Ulrich; verschreibt sich zu Rotenburg mit Regentschaftsräten wegen gemeiner Landschaft gegen Maximilian; siegelt zu München am 18. Oktober den Heiratsvertrag zwischen Ulrich und Sabina. 1506 verkauft er sein Haus in Stuttgart vor dem Tunzhofer Thor, das er von seiner Hausfrau, der Kuhornin, bekommen, um 1500 fl. an Herzog Ulrich, der es sofort seinem Marschall Konrad Thumb von Neuburg schenkt, dem Vater der Frau des Hans von Hutten,

— daher seitdem das Marschallhaus, später das Fürstenhaus, für fürstliche Gäste, genannt — an dem Platz, auf welchem jetzt das Kronprinzliche Palais steht.

1514 verhandelt Hans Gaißberger und Burkhard Fürderer, genannt Kühorn (s. oben II), sein Schwager, mit den Bauern auf dem Cappelberg und bewegt sie auseinanderzugehen.

Am 7. August hielt er auf dem Gerichtstag zu Schorndorf den Gerichtsstab. Fürsprech war sein Bruder (?) Georg, Vogt zu Schorndorf.

Von da an kommt er nicht mehr vor. Vielleicht war er verwickelt in den Sturz seiner Partei, der beiden Brenning, des Konrad Vaut. Doch fehlte er schon 1516 auf dem Landtag.

Seine Gattin war die Tochter des Jakob Walther, genannt Kühorn.

Die Walther sind Bürger zu Stuttgart, der älteste 1330 Meister Walther, der Steinmetz, welcher den Chor der Stiftskirche gebaut haben soll. 1334 der junge Walther, sein Sohn.

Mit dem Beinamen Kühorn, wahrscheinlich infolge einer Heirat, kommt zuerst Nikolaus Walther vor.

Im XV. Jahrhundert erscheinen die Kühorn auch unter den vornehmsten Familien Waiblingens, mitbeteiligt an dem Bau der äußeren Kirche daselbst 1459—1488. 1525 ist Thomas Kühorn Vogt zu Waiblingen. Indessen stammen sie wohl von weiterher. Eine Familie dieses Namens gab es auch in Frankfurt. Ihr Wappen war im blauen Feld ein querliegendes weißes Kuhhorn, darüber 2 Sterne, darunter 1 Stern; auf dem Helm ein Mann 2 Kuhhörner haltend.

Nikolaus Walther, genannt Kühorn, war 1447 Bürger zu Stuttgart, saß von 1450 an im Rat, von 1474 an im Gericht und war 1476 Bürgermeister. Von ihm stammte

Jakob Walther genannt Kühorn von Fewrfeld (Fürfeld?), der ältere (hieß noch 1498 der jüngere) war 1489 Bürger zu Stuttgart, 1498 Bürgermeister und im gleichen Jahr Amtsverweser für den Vogt Gaißberger, seinen Tochtermann. 1501 war er Vorsteher der wirtembergischen Schützen auf dem Armbrust- und Büchsenschießen zu Stuttgart.

Der ehrenfeste und fürnehme starb 1503 und liegt begraben in der St. Leonhardskirche neben seiner im Jahr 1525 gestorbenen Frau Clara, geb. Magerin.

Gemeinschaftlich mit dieser hat er einen Kreuzgang (Wallfahrt) mit Kruzifix und ewigem Licht zu St. Leonhard gestiftet, den sogenannten Ölberg, im Jahr 1501. Die Jahreszahl steht am Stamm des Kreuzes. Die Wappen dabei sind nicht mehr zu erkennen. Die zu den Füßen des Gekreuzigten knieende, den Stamm des Kreuzes mit Inbrunst umklammernde, das Antlitz sehnsuchtsvoll zu dem Erlöser erhebende Maria Magdalena soll die Züge der Stifterin tragen (Beschreibung des Stadtdirektionsbezirks Stuttgart). Der Bildhauer, welchem man dieses, neuerdings immer mehr gewürdigte Kunstwerk verdankt, war Hans von Mingolsheim (1455—1507), derselbe, von welchem auch der Ölberg in Speyer herrührt (Landesbeschreibung 1884 II. 1 S. 287).

Die Mager bildeten einen Zweig des Rittergeschlechts der Spät. 1323 Konrad der Späte, der Mager genannt, von Seeburg. 1377 am 14. Mai fiel vor Reutlingen Heinrich Mager. 1343 Johann Mager, dictus miles, stiftet eine Frühmeß zu Münsingen. 1398, 1400 Volmar, der Mager, Vogt zu Kirchheim, 1395 unter Graf Eberhards Räten. 1399 Volmar Mager Edelknecht, 1408 kauft Berthold Mager den Burgstall Dettingen bei Kirchheim. 1444 fällt derselbe, bei der Teilung der Grafschaft, als Lehensmann in den Uracher Teil.

1339 kommen unter den Bürgern von Vaihingen die Gremp und die Mager vor, welche beide nachmals unter den rittermäßigen und edlen Geschlechtern erfunden wurden (Sattler, Topographische Geschichte von Wirtemberg S. 249).

Mager, Bürger zu Stuttgart: 1451 Konrad, Hans und die Kinder Ulrichs; 1511 Konrad Mager, einer der Hauptleute über die Knechte bei der Hochzeit des Herzogs Ulrich.

Des Hans Gaißberger und der Kühornin Tochter war
6. Barbara Gaißbergerin, die Gattin des im Jahr 1520 gestorbenen Uracher Vogts Johann Sattler
 s. oben C. 4.
Deren Enkel, der Notar und Stadtschreiber Johann Michael Sattler,
 s. oben C. 6
war mit Anna Mezger (Calwer) verheiratet.

E. Die Mezger (Calwer, Kalber).

Die ebengenannte Anna Mezger war die Tochter des Melchior Mezger, genannt Calwer. Derselbe war Tübinger Bürger, 1545 Richter, 1546 Bürgermeister, 1552 in der landschaftlichen Kommission für die Abfassung eines Landrechts. Stälin berichtet IV S. 713, daß an jenen Melchior alle Städte und Ämter ihre Gebräuche und Rechte bis 7. Februar 1552 einsenden sollten. In der von Herzog Christoph berufenen Kommission saßen neben 2 damals noch katholischen Prälaten und 4 von der Landschaft die Professoren und Doktoren Johannes Sichard und Kaspar Volland, sowie die herzoglichen Oberräte Ulrich Rücker und Kaspar Beer. Schon am 6. Mai 1555 konnte dieses erste (New) Landrecht des Fürstentums Wirtemberg verkündigt werden. 1554 auf dem Landtag und im kleinen Ausschuß unterschreibt Melchior Kalber den Landtagsabschied; auch wird er durch den Landtag zur Umlegung der Landsteuer aufgestellt, ist 1561 noch in dem engeren Ausschuß. Er starb am 24. Februar 1563 und wurde in der Georgenkirche begraben, wo auch seine Frauen liegen (s. Kümmerle, Grabschriften und Denkmale).

Die Mezger, oder, wie die Söhne Melchiors nun konstant sich nannten, die Calber, sind eine Calwer Familie.

In Tübingen kamen sie zuerst 1512 vor mit Anna Kalberin, der Gattin des Konrad Schetterlin, der schon 1500 dort Richter war und 1512 mit seiner Gattin einen Altar zu St. Jakob (Spitalkirche) stiftete, auch mit ihr beteiligt war bei der Stiftung des Seelhauses für landfahrende fremde arme Leute, Pilger u. s. w. Schetterlin war Bürger und Pfleger des Spitals, wie auch des neu gestifteten Almosens. Es scheint, daß die Anna Kalberin in erster Ehe mit einem Mezger von Calw verheiratet war. Ihre Söhne aus dieser Ehe werden genannt J. Mezger, Calvensis, 1510 Magister; Michael Mezger, 1520 inskribiert; endlich der schon erwähnte Melchior.

Des letzteren Söhne waren ohne Zweifel: Jakob Kalber von Tübingen, inskribierte 1546, später Mitglied des engeren ständischen Ausschusses, bis 1608, starb 1609; — und G. Kalber, geb. 1548, gest. 1618, Bürgermeister zu Tübingen und Hofgerichtsassessor. Derselbe kaufte 1589 den Kanzler Feßlerschen Erben ihr Hofgut Weilheim ab für 2205 fl. (Aus Urkunden des Tübinger Spitals.)

Dr. Johann Feßler war Kanzler des Herzogtums vom August 1543 bis 21. März 1572. Ihm folgte Dr. Johann Brastberger, geb. 7. März 1535 (Dienerbuch S. 17, s. auch unten IV 2).

Das Wappen des Paulus Calber, welcher 1557 Professor war: ein silberner und goldener Schild mit steigendem Löwen, auf dem Helm 2 silberne und goldene Hörner.

Melchior Mezger, genannt Calwer, der Vater der Anna Sattler (oben lit. C Nr. 6), hatte 2 Frauen, **Margaretha Hirsch=mann**, gestorben 1538, 16. Dezember, die Mutter der Anna, — und darnach Geneve Hauenbergerin, gestorben 1563 oder 1565.

Jene Margaretha soll die Tochter des Georg Hirschmann gewesen sein, Bürgermeisters zu Schorndorf, geb. 1480, gest. 1580, und Enkelin des Stadtkommandanten gleichen Namens, geb. 1430, gest. 1493. Steinhofer (4,128) erwähnt einen Hans Hirschmann, welcher 1514 von dem Armen Konrad wegen seiner Abmachungen die Rathausstiege hinabgeworfen und dann gezwungen worden sei, das Fähnlein auf den Cappelberg zu tragen.

F. F. Faber, Die württembergischen Familienstiftungen IX, die Gomer=Hirschmannsche Stiftung in Tübingen S. 6.

F. Die Hermann.

Wir erinnern uns, daß der Pfarrer Georg Konrad Wagner, geb. 1634, verheiratet war mit der im gleichen Jahr geborenen Elisabeth Hermann von Kirchheim.

f. oben A. 4.

Diese Ehe fällt in die Zeit nach dem dreißigjährigen Krieg, in die Zeit der Kriege gegen Ludwig XIV. und der Brandschatzungen Altwirtembergs durch Melac. Noch weiter, abermals bis in die Tage Herzog Ulrichs, werden wir zurückgeführt durch die Hermann=schen Voreltern

1. **Mathes Hermann**, Bürgermeister zu Kirchheim, civis primarius, unterschrieb 1516 den Blaubeurer Vertrag.

2. **Martin Hermann**, Kaufmann zu Kirchheim, war verheiratet mit Barbara Ebinger. Des Martin Schwester Apollonia, Witwe des Pfarrers Caspar Thumm von Wolfschlugen (1535 bis 1547), welchem sie 12 Kinder geboren hatte, heiratete später den M. Christian Binder, Pfarrer zu Grötzingen, 1557 Spezial= und Generalsuperintendenten in Nürtingen, 1565 Abt zu Adelberg, einen bedeutenden Mann, welchen Herzog Christoph zu den wichtigsten Ge=

schäften gebrauchte und der 1596 starb. Auch diesem zweiten Gatten schenkte die Apollonia noch 11 Kinder, worauf sie 1558 starb. Die Väter sowohl des Binder, als des Thumm sollen treue Anhänger des Herzogs Ulrich gewesen sein während seines Exils. „Als Ulrich wieder in das Land zurückkam, wurde dem Schultheißen Thumm eine Gnade angeboten; er hat aber nichts weiter begehrt, als daß der Herzog sein gnädiger Herr bleiben und ihm erlauben möchte, ein Häslein zu schießen, was ihm auch vergönnt worden" (Faber a. a. O. VI S. 35).

3. **Christoph Hermann**, geb. zu Kirchheim 1543, magistrierte 1560, wurde 1561 Klosterpräzeptor zu Hirsau, 1565 Diakonus zu Tübingen, 1567, auf den Rat Andreäs berufen, Oberpfarrer und Superintendent zu Eßlingen, 1577 **Dr. theol.** seit 1586, berühmter Theologe (Fischlin I, 196). Er unterschrieb 1579 die Konkordienformel, was jedoch nicht gehindert hat, daß ihn 1598 Lukas Osiander wegen calvinistischer Tendenzen anfechten konnte (Keim, Reformation Eßlingens.) Seine Frau war Elisabeth Müller von Calw, Tochter des Heinrich Müller.

Ihre Tochter Elisabeth wurde am 6. Juni 1602 zu Eßlingen getraut mit Michael Plazius, geb. 1576 zu Biberach, der 1593 in Tübingen inskribiert, 1596 magistriert hatte, dann Pfarrer zu Röteln im Badischen und Superintendent in Lahr wurde. Derselbe machte 1614 die Platz-Hermannsche Stiftung. Als er 1622 am 2. März zu Straßburg starb, heiratete die Witwe den Bürgermeister Martin Mozer zu Tübingen.

Des Michael Plazius Sohn Konrad Wolfgang Platz, geb. 1531 zu Poppenweiler, 1560 Diakonus zu Tübingen, 1561 **Dr. theol.**, Schriftsteller, polemisch gegen die Katholiken, 1561 Hauptprediger und Superintendent zu Biberach unter schweren Kämpfen. Er starb 15. Mai 1595. s. Crusius II 233, Fischlin I 138, Faber a. a. O. H. VI S. 28 ff. Von ihm ist auch der „Kurze, notwendige und wohlbegründete Bericht von dem zauberischen Beschweren und Segensprechen", welcher Fausts Leben von Georg Rudolf Widmann vorgedruckt ist. Bibliothek des literar. Vereins 146. Tübingen 1880.

4. Des Superintendenten Christoph Hermann Sohn hieß gleichfalls **Christoph**. Geb. 1567 zu Eßlingen, baccalaureus 1584, magister 1588, wurde derselbe 1594 Diakonus zu Schorndorf und 1598 Pfarrer zu Heimerdingen, wo er schon nach 10 Jahren starb. Seine Frau hatte den Vornamen Margaretha (Faber a. a. O. S. 33 Nr. 5).

5. Ein dritter Christoph Hermann, geb. 1600, starb als Kaufmann zu Kirchheim 1635.

Seine Frau war die 1605 geborene, gleichfalls 1635 gestorbene Tochter des Bürgermeisters Johannes Kreuser und der Barbara Hechtlin von Kirchheim, Margaretha. Der letzteren beide Großväter huldigten 1534 dem Herzog Ulrich wieder. Der eine derselben, Martin Hechtlin, hatte auch den Blaubeurer Vertrag vom 22. Oktober 1516 unterschrieben.

6. Das Kind des 1635 verstorbenen Ehepaars endlich war die 1634 geborene Elisabet, welche nachmals der Pfarrer Georg Konrad Wagner geheiratet hat.

f. oben A 4.

Die Geschichte der Familie Rapp geht nicht weiter zurück, als die der Haugschen Stammväter. Auch die Prinzschen Ahnen sind nur in 3 Generationen vertreten. Dann verlieren sich die Rapp unter dem Landvolk des Strohgäus, während die älteren Spuren der Prinz oder le Prince (?) verwischt sind durch die Verfolgungen, welche die französischen Hugenotten vor 200 Jahren auszustehen hatten.

Diese Refugiés waren übrigens wohl liebenswürdige und gewandte Leute. Sie verbanden sich mit schwäbischen Frauen aus guten bürgerlichen Familien, in welche durch sie auch wir jetzt Einblick gewonnen haben.

Noch einmal wurden wir in den Keplerschen Verwandtenkreis eingeführt, diesmal bei verschiedenen Gastwirten unserer Schwarzwaldstädte, in Calw, Teinach, Wildbad.

Altwirtembergische Geschlechter sind die Sattler zu Waiblingen, die Mager und Walther zu Stuttgart, altwirtembergisch sind auch die Gaisberger von Schorndorf oder Waiblingen, wenn es schon möglich ist, daß sie in grauer Vorzeit aus der Schweiz einwanderten; ebenso die Kühorn von Waiblingen und Stuttgart, welche gleichfalls von weiter her gekommen sein mögen. Nachgewiesen ist die fremde Heimat bei den Essich (Tirol), den Wagner (Nördlingen), den Nicolai (Gmünd).

Bei frommen Unternehmungen und Stiftungen fanden wir beteiligt die Sattler und Kühorn bei dem Kirchenbau in Waiblingen, 1459—1488, die Kühorn und Mager bei der Stiftung des schönen Kalvarienbergs neben der St. Leonhardskirche in Stuttgart 1501, die Anna Kalber mit ihrem Gatten Konrad Schetterlin, bei Stiftungen in Tübingen 1512, Ulrich Gaisberger bei Stiftungen in Schorndorf 1516 und Tübingen 1517 und 1528.

Mutige Bekenner des neuen Glaubens waren jener Kaufmann Heyd in Calw, welcher 1548 dem evangelischen Prediger Heiland zur Flucht behilflich wurde, ferner die beiden Nicolai, von welchen der ältere um der neuen Lehre willen die Heimat aufgab, der jüngere während des dreißigjährigen Kriegs eine vielfach angefochtene Stellung an der Universität und Georgenkirche in Tübingen zu wahren hatte; endlich die beiden Hugenotten Prinz.

Und gedenken wir auch an diesem Orte nochmals der „frommen, demütigen, liebevollen Seele", jener Johanne Jakobine Rapp und ihres stillen Wirkens zu Stetten im Remsthal!

Wie sich selbst in dem engen Rahmen der Geschichte von einfachen bürgerlichen Familien doch die allgemeine Geschichte ihrer Zeit abspiegelt, dafür haben wir viele Beweise erhalten.

Der älteste Gaisberger Fritz war ein Zeitgenosse Graf Eberhards des Greiners, sowie Eberhards des Milden. Mit Eberhards des Greiners Sohn Ulrich fiel am 14. Mai 1377 in der Schlacht bei Reutlingen ein Mager. Ein anderer Mager war unter den vertrauten Räten Eberhards III. Bei der Teilung der Grafschaft Wirtemberg zwischen den Söhnen Henriettens von Mömpelgard fielen die Mager in den Uracher Teil (1444).

1498 war Hans Gaisberger der erste unter den Amtleuten, welcher dem Herzog Eberhard II., dem jüngeren, den Gehorsam kündete. Er kam ins Regiment während der Minderjährigkeit des Herzogs Ulrich, und unterschrieb dessen Heiratsvertrag mit Sabine von Bayern. Dann verkaufte er sein Haus an den Herzog, welches dieser 1506 seinem Marschall Thumb von Neuburg, dem Vater der Frau des Hans Hutten, schenkte. Bei der Hochzeit Ulrichs 1511 kommandierte Konrad Mager die Knechte.

1514 verhandelte Hans Gaisberger und Konrad Fürderer auf dem Cappelberg bei Fellbach mit den aufständischen Bauern, deren Fähnlein Hans Hirschmann von Schorndorf hatte tragen müssen.

1516 am 19. Oktober unterschrieben den Blaubeurer Vertrag, nach welchem Herzog Ulrich für 6 Jahre die Regierung an ein Regiment abtreten sollte, Mathes Hermann und Martin Hechtlin von Kirchheim. Im gleichen Jahr fällt der Rache des Herzogs zur Opfer Konrad. Vaut von Cannstatt. Dem verbannten Ulrich bewahrten sowohl jener Mathes Hermann, als Schultheiß Thumm die Treue, und mit Martin Hechtlin reist ein Kreuser 1534 dem Herzog zu neuer Huldigung entgegen.

Von dem Sohne Ulrichs, Herzog Christoph, wird 1552 der Tübinger Bürgermeister Melchior Mezger, genannt Kalber, bei den Vorbereitungen für das neue Landrecht beigezogen. Ein vertrauter Ratgeber dieses Herzogs ist ferner der Abt Binder von Adelberg.

Unter Herzog Friedrich bekleidet 1591 die Stelle des Kabinettssekretärs Johann Sattler, der Urgroßvater des Historikers, und ein älterer Johann Sattler hat schon 1528 für die Stadt Sindelfingen ein Statutenbuch bearbeitet.

Manche Mitglieder der Landschaft und des ständischen Ausschusses, manche Bürgermeister, Ratsherren und Gerichtsleute waren zu nennen, sogar ein Freischöffe des Vehmgerichts, Hans Gaisberg.

Endlich wurden erwähnt die gelehrten Theologen Konrad Wolfgang Platz, geb. 1536, gest. 1595, Christoph Hermann, geb. 1543, Abt Binder, gest. 1596, Theodor Thummius, gest. 1630, Melchior Nicolai, geb. 1578, gest. 1659, Tobias Wagner, geb. 1598 gest. 1670.

So hat es auch in den hier aufgeführten Geschlechtern, teilweise bis in die 16. und 18. Generation zurück, an bedeutenden und charakterfesten Männern der verschiedensten Berufsarten nirgends gefehlt.

IV.

Die Familien Raith, — Rümelin, Harprecht, Andreä, — Zeller, Schwarz, Mögling, Alber, Ölenheinz, Heerbrand, Schnepf und Brenz.

Die Großmutter von Karl Friedrich Haugs Mutter war Christina Katharina Märklin, geb. Raith, die Frau des Pfarrers Friedrich Jakob Märklin in Unterreichenbach und später in Altburg, — s. oben II —, Tochter des Pfarrers Johann Konrad Raith zu Weiler bei Güglingen und später zu Affalterbach. Sie wurde im Jahre 1704 zu Weiler geboren und starb 1783 bei ihrem ältesten Sohne, dem späteren Propst Märklin zu Denkendorf, der um jene Zeit noch die Stelle eines Diakonus in Tübingen inne hatte, zugleich mit einem Lehrauftrag an der theologischen Fakultät der Landesuniversität.

Durch sie werden wir auf die **Raithschen Voreltern** geführt und auf die mit diesen zusammenhängenden älteren Verwandten, in eine frühe Zeit, welche von dem ersten Drittel des XVIII. bis in das XV. Jahrhundert zurückreicht.

Der Name Raith, welcher seit dem Ende des XV. Jahrhunderts in Wirtemberg namentlich auf geistlichen Stellen öfter vorkam, scheint, wenigstens nach den Magister- und Staatshandbüchern zu schließen, unter den evangelischen Glaubensgenossen jetzt ausgestorben zu sein.

1486 inskribierte zu Tübingen ein Conradus (Raib) von Pfeffingen, 1495 ein Blasius Raid von Sindelfingen, 1511 ein Stephanus

Raid, 1528 ein Andreas Rayd von Backena (Backnang), — 1510 ein Petrus Rayd (Rod) von Frankfurt.

Simon Rayd von Augsburg verläßt 1531 seine Pfarrei Lauingen, zieht nach Ulm, fällt vom alten Glauben ab, heiratet, wird vom Rat in Ulm angestellt als Prediger zu Oberkuchen (dem heutigen Kuchen).

Jener 1511 inskribierte Stephanus könnte, wie seine Vor- und Nachmänner in der Matrikel (Roth, Urkunden 1877 S. 583) von Schorndorf gewesen sein. Damit kämen wir den Haug=Märklinschen Vorfahren näher. Doch beginnt die nachweisbare Ahnenreihe der letzteren erst ein Jahrhundert später. Der älteste in dieser Reihe war

1. Elias Raith, Salzverwalter und Bürgermeister zu Schorndorf, gestorben vor 1641, verheiratet mit Ursula Geringer, — vielleicht der Tochter des Taxators Georg Geringer, Gerichtsverwandten zu Schorndorf. Von Elias und Ursula stammte

2. Balthasar Raith, geb. 1616 zu Schorndorf, baccalaureus 1633, war 1634 bei der Belagerung Schorndorfs 6 Wochen in einem Keller verborgen, unmittelbar darauf magistrierte er, harrte dann während der schlimmsten Zeit, als die mit den kaiserlichen Heeren einziehenden katholischen Geistlichen das evangelische Bekenntnis an der Universität bedrohten und daneben ansteckende Krankheiten in der Stadt hausten, treu im Stift aus, 1636 bis 1641 als Repetent und zugleich Lehrer der hebräischen, chaldäischen und syrischen Sprache, 1641 Diakonus in Tübingen, 1649 Pfarrer und Dekan zu Derendingen[1]), 1652 Professor der Theologie und

---

[1]) Weizsäcker, Lehrer und Unterricht an der evangel. theolog. Fakultät der Universität Tübingen u. s. w. 1877, bemerkt S. 26 f., daß im Stipendium, dem Stift, nach der Ordnung von 1561 nicht nur die Leute für den Kirchendienst ausgebildet, sondern auch gelehrte Theologen sollten herangezogen werden. Außer dem **magister domus** und den 6 Repetenten seien daher noch mindestens 4 **magistri** so lang zu unterhalten gewesen, bis sie es zum Doktorgrad gebracht. Die Kirchenräte sollten diese Leute in Ruhe lassen, nicht unzeitig in Pfarrstellen ziehen, kommandieren und verschicken. Jedoch waren diesen Kandidaten, damit sie heiraten können, zu reservieren die beiden Diakonate in Tübingen, die Pfarreien in Lustnau, Derendingen, Weilheim, Kilchberg, Jesingen und Hagelloch, lauter Orte, welche der Stadt so nahe liegen, daß von hier aus das Studium ohne Schwierigkeit fortbetrieben werden konnte.

der hebräischen Sprache — **extraordinarius,** — 1656 **ordinarius** und **Dr. theol., Magister domus** des Stifts; 1660 zugleich Pfarrer an der Georgenkirche, 1662 Dekan, — in beiden Stellen der Nachfolger des zuletzt zum Universitätskanzler und Stiftspropst vorgerückten Tobias Wagner (s. oben III), auch erster Superattendent des Stifts.

Balthasar Raith war zwischen 1659 und 1678 sechsmal Rektor der Universität (das Rektorat wechselte halbjährlich), einigemal auch **deputatus.** Unter seinem Präsidium erschien unter anderem im Jahr 1677 eine geschichtlich-topographische Beschreibung Tübingens von M. Joh. Ludw. Metz aus Möckmühl.

Er wurde von Spener hochgeschätzt, dedizierte ihm seine **Vindiciae** der lutherischen Bibelübersetzung. Auch Weizsäcker bezeichnet noch 1877 ihn neben Wagner und Johann Adam Osiander, jeden in seiner Art, als einen angesehenen Mann und bedeutender als deren Nachfolger (S. 81). 1680 quiesziert, starb Balthasar am 30. November 1683. Sein Begräbnis fand am 6. Dezember statt. Die Leichenrede hielt sein Amtsnachfolger Keller (Fischlin II 266).

Verheiratet war er zuerst seit Mai 1641 mit **Maria Margaretha Rümelin,** geb. 1616, gest. 1662,

s. unten;

sodann 1663 mit der Witwe Anna Maria Schweickardin, einer geborenen Bellerin, welche gleichfalls schon vor Balthasar im Jahr 1675 starb.

Ein Sohn erster Ehe war

3. **Georg Balthasar Raith,** geb. 1645 zu Tübingen, 1669 Diakonus zu Brackenheim, 1687 Stadtpfarrer zu Beilstein, 1688 Stadtpfarrer und Dekan zu Brackenheim, gestorben 1723;

verheiratet 1669 zu Bebenhausen mit **Maria Katharina Zeller,** geb. 1650, gest. 1710,

s. unten.

4. Deren Sohn **Johann Konrad Raith,** geb. 1672 zu Brackenheim, 1699 Pfarrer zu Holzhausen (Filial des Diakonats

---

1641, d. i. nahezu 100 Jahre später, galt diese Ordnung wohl nicht mehr unbedingt. Balthasar Raith war aber doch, wie es scheint, auch von Derendingen aus in Verbindung mit der Universität geblieben. Weiteres über ihn bei Weizsäcker a. a. O. S. 66 ff. 73 ff. 79.

Sulz), 1704 zu Weiler bei Güglingen, 1714 zu Affalterbach; gestorben 1738; war verheiratet 1699 zu Brackenheim mit Maria Katharina Oelenhainz;

s. unten.

Endlich

5. deren Tochter — die oben genannte **Christina Katharina Raith**, geb. 1704, gest. 1783, Gattin des **Friedrich Jakob Märklin**, Pfarrers zu Unterreichenbach und Altburg.

s. oben II.

In dem Folgenden ist nun besonders einzugehen auf die Voreltern der 3 Frauen Raith, oder noch nach ihren **Paternamen**

(zu 2) der Maria Margaretha Rümelin,
(zu 3) der Maria Katharina Zeller,
(zu 4) der Maria Katharina Oelenhainz.

Zu 2.

Die Eltern der Maria Margaretha Rümelin, geboren 1616, gestorben 1662, waren

Johann Martin Rümelin, geb. 1587, gest. 1626; — 1615 Doctor juris utr. und Hofgerichtsadvokat, Professor der griechischen und lateinischen Sprache, zugleich Dozent der Rechtswissenschaft, 1617 Universitätsbibliothekar;

und

Maria Harpprecht, geb. 1599, gest. 1665.

Jener Johann Martin Rümelin stammte von dem Hofgerichtsadvokaten Dr. Martin Rümelin, der von Ebingen gebürtig war, ein Sohn Ulrich Rümelins, und der 1597 starb, ferner seit 1579 vermählt war mit Margaretha Epp, der Witwe des 1573 bei der Belagerung Harlems gefallenen Eberhard Vetscher von Eßlingen. Dieselbe war die Tochter des Hofgerichtsadvokaten Dr. Johann Epp von Nagold, welch letzterer 1561 zu Stuttgart gestorben ist.

(Ein Burkard Epp zinst 1373 aus Acker und Baumgarten an die Kapelle St. Nicolai vor der Stadt Nagold; — 1490 inskribiert J. Epp von Nagold, 1521 ist ein juris utr. lic. J. Epp Rektor zu Tübingen; — 1498 unterschreibt Aberlin Epp, Schultheiß zu Nagold auf dem Landtag zu Stuttgart die Absage an Herzog Eberhard II.; — 1530 und 1534 ist Martin Epp Untervogt zu Dornstetten; — 1568 inskribiert in Tübingen Burkhard Epp, ohne Zweifel des Dr. Johann Epp Sohn, vier Tage nach seinem Schwager Martin Rümelin; derselbe wurde später Hofgerichtssekretär und starb nach dem Dienerbuch S. 79 am Bartholomäustag 1597.

Der Hofgerichtsadvokat Dr. Johann Epp, gest. 1561, der Vater der Margaretha Rümelin, Großvater des Hofgerichtsadvokaten Johann Martin Rümelin, geb. 1526, gest. 1626, und Urgroßvater der Maria Margaretha Raith, geb. Rümelin, geb. 1616, gest. 1662, — hatte zur Frau die Anna Brastberger, welche noch 1574 als Witwe zu Tübingen lebte, eine Tochter des Bürgermeisters Ulrich Brastberger von Urach. Ulrich unterschrieb 1516 von der Landschaft wegen den Blaubeurer Vertrag, nahm 1554 an dem Landtagsabschied teil, wurde von der Landschaft zur Umlegung der Landsteuer bestellt und gehörte seit 1562 zu dem engeren Ausschuß. Sein Sohn, also der Anna Epp Bruder, war der herzogliche Kanzler Dr. Johann Brastberger, geb. 1535, gest. 1581, der Nachfolger des Dr. Johann Feßler (s. oben III), — sein, des Ulrich, Bruder — Gebhard Brastberger, Prof. juris zu Tübingen bis 1562, — sein Vater Ulrich Brastberger, Justitiar zu Urach, geb. ca. 1475. „Unter den namhafteren Familien Urachs wohnten die Brastberger seit dem XIV. Jahrhundert dort. Der Name, früher Brasperger, auch Prasberger, Brastperger geschrieben, erinnert an die Burg Praßberg bei Wangen in Oberschwaben. Die Edeln von Praßberg (1122) erloschen um 1300. Die Herrschaft kam an die Vögte von Summerau." „Das Brastbergersche Wappen der Uracher ein springender Widder (von der Uracher Schäferei?), im blauen Feld ein Bär, ein Gefäß in den Tatzen haltend." [Haug.]

Die Mutter der Maria Margaretha Raith, geborenen Rümelin, der Gattin von Balthasar Raith, war, wie erwähnt, Maria Harprecht.

Diese stammte von **Johann Harprecht** (Harpprecht), geb. 1560, gest. 1639 und von Maria Andreä, der gleichfalls 1560 geborenen, 1614 gestorbenen Tochter von Jakob Andreä. Wir werden dadurch veranlaßt, mit zwei weiteren berühmten Familien uns bekannt zu machen. Johann Harprecht war der Sohn eines

Bauern (von Walheim bei Besigheim?), früh verwaist, — die Eltern starben an der Pest; — er bezog 1578 die Universität Straßburg, dann Tübingen, 1586 Marburg, erlangte 1589 den Doktorgrad in Tübingen, wohin er im Jahr 1592 an Anastasius Demlers Stelle (s. oben II) als Professor der Rechtswissenschaft berufen wurde. Dort hat er in 47 Jahren um persönlicher Angelegenheiten willen nie eine Lektion ausgesetzt. Er war 7 mal Rektor, 20 mal Dekan. Die hohe Gelehrsamkeit und das leutselige offene Wesen Harprechts hat sein Nachfolger Thomas Lansius in einer begeisterten Gedächtnisrede geschildert. Johann wurde der Stammvater der bekannten wirtembergischen Juristenfamilie, welche erst im Jahr 1859 in dem Obertribunalpräsidenten Heinrich Harpprecht ihren letzten bedeutenden Sprossen verloren hat. Das Bild Johanns haben uns Cellius und Freher erhalten.

Seine erste Frau war seit 1590 Maria Andreä, geb. 1560, gest. 1614, die Witwe des Pfarrers Schüz zu Möhringen a. d. F. Sie brachte aus dieser ihrer ersten Ehe schon 5 Kinder mit, schenkte aber dem Johann Harprecht noch weitere 3 Söhne und 4 Töchter. Ihr Hausstand soll ein glücklicher gewesen sein, minder frohsam dagegen das Zusammenleben Harprechts mit seiner zweiten Gattin, der Witwe des Hofgerichtsadvokaten Barth, seit 1615, ein Jahr nach dem Tod der ersten Frau. Die zweite Gattin bezeichnet Haug als eine Xanthippe, und mit der Allgemeinen Deutschen Biographie X. S. 622 können wir fortfahren, — „deren tägliche wiederkehrende Zänkereien der friedfertige Gelehrte 14 volle Jahre mit sokratischem Gleichmut ertrug. Damals mag es gewesen sein, daß er eigenhändig in seine Bibel schrieb:

>Wer mit Gedult und Glümpff aushelt,
>Der siget endlich ob aller Welt.
>Still seyn, verhören halt den Platz,
>Glümpff und Gedult ein edler Schatz.
>Gedult ist biß; das christlich Kraut,
>Welches nicht ein Jeder im Garten baut.
>Gedult zu sehr vil Sachen dient,
>Mit Gedult man all Ding überwindt:
>Wer Gedult gebraucht zu allen Sachen,
>Der thut seine Feinde zu Schanden machen!"

Weniger friedfertig als Harpprecht, wenn auch von der besten Absicht geleitet, dem Frieden zu dienen, erwies sich dann allerdings dessen berühmter theologischer Schwiegervater **Jakob Andreä**.

Die Heimat der Andreä soll Möckenlohe im Bistum Eichstätt, der Stammvater Stephan Enderis, dessen Gattin Elisabeth Holzapflin gewesen sein. Ein Sohn gleichen Namens, der mit Anna Harblin verheiratet war, liegt in Ingolstadt begraben. Dessen zahlreiche Kinder und Enkel lebten um 1560 noch in Möckenlohe und dem dorthin eingepfarrten Schloß Raffenfels. Ein Sohn jedoch, Jakob, also der Enkel des Stammvaters, unternahm große Wanderungen, auf denen er nach Böhmen, Frankreich und bis auf die iberische Halbinsel gelangte. Zweimal war er in Sant Jago di Compostella. Dr. Hieron Münzer erwähnt in seinem Itinerarium, daß er 1494 in Alcazar do Sal bei Lissabon einen deutschen Bombardier Jakob aus Waiblingen getroffen habe, einen tapferen Mann. Ob dies wohl unser Jakob gewesen ist? Jedenfalls war oder kam derselbe mit Waiblingen in Verbindung, ließ sich dort schließlich nieder und heiratete die Witwe eines Schmieds, Anna, geborene Weißkopf von Gundelfingen in Pfalz-Neuburg. Er trieb jetzt selbst das Schmiedgewerbe und nannte sich Endres Schmid. Er starb 1566 zu Bebenhausen nach dem Tod seiner Frau.

Von diesen Eltern stammte Jakob Andreä ab, der sich auch Jakob Andreas Schmidlin (1545), Jakob Andreas Fabri (1549), Jakob Andreä Fabri (1552) oder Jakob Andreä Schmidelin (1557) schrieb. Geboren 1528, 25. März, zu Waiblingen, wurde er dort Marcoleons Schüler (s. II), konnte aber schon 1541, also 13 Jahre alt, in dem Stipendium zu Tübingen Aufnahme finden. Hier kam er unter den Einfluß von Erhard Schnepf (s. unten) und erhielt von diesem die Richtung auf das strenge Luthertum. 1545 Magister, 1546, 18jährig, Diakonus in Stuttgart und Ehemann, hielt er, der jüngste unter den evangelischen Geistlichen der Stadt, allein Stand, als 1547 die Truppen des Herzogs Alba die Stadt besetzten. Auch in Tübingen, wohin er 1548 als Diakonus gehen mußte, hatte er eine Zeit lang alle geistlichen Geschäfte allein zu besorgen und trotz des Interim in der Stiftskirche von der Kanzel zu predigen. Nach dem Regierungsantritt Herzog Christophs, 1550, kam Andreä wieder nach Stuttgart, jetzt an die Seite des Reformators Johann Brenz

(f. unten). Im Alter von 25 Jahren schon zum **Dr. theol.** und Spezialsuperintendenten in Göppingen ernannt, wurde er 1562 nach dem Tod von Jakob Beurlin (f. unten) zum Stiftspropst und Universitätskanzler in Tübingen befördert, auch von der Universität zum Professor der Theologie gewählt. Er starb in diesen Würden am 7. Januar 1590, erst 62 Jahre alt.

Unter dem Einfluß von Brenz hatte sich Andreä auf der Synode zu Stuttgart 1559 nicht nur zu Luthers Abendmahlslehre, sondern auch zu der Lehre von der Ubiquität bekannt, d. h. die Gegenwart Christi im Abendmahl aus der Teilnahme auch seiner menschlichen Natur an der göttlichen Eigenschaft der Allgegenwart erklären wollen (f. unten). Dies ist in der Folge für ihn ein unüberwindliches Hindernis geworden, mit seinen vielen Vermittlungsversuchen wenigstens bei denen vorzudringen, welche, wie Melanchthon, es nicht über sich vermochten, dieser Lehre zuzustimmen oder gar sie in ihr Bekenntnis aufzunehmen.

Andreäs Wirksamkeit war eine doppelte. Der akademische Beruf kann als die Heimat bezeichnet werden, zu welcher er immer wieder zurückkehrte. Seinen geschichtlichen Namen aber verdankt er noch mehr der, wenn der Ausdruck hier erlaubt ist, diplomatischen, irenischen Thätigkeit: seine Bemühungen für die weitere Ausbreitung der Reformation, so 1556 in Baden-Pforzheim, 1558 in Ottingen-Harburg und Rothenburg a. d. T., ferner noch von Göppingen aus in dem benachbarten Wiesensteig, und später als Universitätskanzler 1565 in Hagenau, 1567 in Eßlingen, an welchem Ort er mit der Universität vor der Pest geflüchtet war, 1575 in Aalen; — verdankt er ferner den unter Herzog Christoph, selbst außerhalb des Reichs, so auf der Reise zu dem Religionsgespräch in Poissy (1561) und bei dem Gespräch mit den vier Brüdern Guise in Elsaß-Zabern (1562), veranlaßten Verhandlungen zur Lösung des Kirchenstreits; — vor allem aber den unter demselben Herzog auf den Reichstagen und bei manchen Kolloquien begonnenen, dann unter Herzog Ludwig in größerem Umfang auf vielen und mehrjährigen Reisen und Wanderungen fortgesetzten Versuchen zur Vereinigung der lutherischen Theologen über einerlei Lehre und Sprache in allen den Lehrstücken, für welche die Einstimmigkeit von allen Glaubensgenossen schien gefordert werden zu müssen. Dabei hat es sich freilich für Andreä weniger um eine Verständigung mit den andern, als um deren Unterwerfung unter seine teilweise extremen Ansichten gehandelt. Auch wurde sein Auftreten immer zuversichtlicher und gewaltsamer, nachdem es ihm gelungen war, den Kurfürsten August von Sachsen, selbst gegen seine eigenen Theologen, zu gewinnen. So hat denn Andreä zuletzt in gewissem Sinne auch erreicht, was er erstrebte. Das Schlußergebnis war die im Mai 1577 in dem Kloster Bergen bei Magdeburg festgestellte sogenannte Konkordienformel — „die stärkste Ausprägung des Luthertums unter Ausmerzung aller Spuren der milderen Melanchthonschen Lehrweise" — zu der sich 1580 96 lutherische Reichsstände unterschriftlich bekannten, die aber von anderen: Hessen, Anhalt, Pommern, Holstein, Braunschweig, Bremen, Nürnberg, Straßburg u. s. w. als zu streng abschließend verworfen ward. In derselben „wird die heilige Schrift als die alleinige Glaubensnorm angenommen, wird neben dem Evangelium, das allein Seligkeit schaffe, die Predigt des alten Gesetzes als förderlich erachtet zur Zucht, Belehrung und Abhaltung von Sünde. Unwesentliche Satzungen werden anerkannt; aber in Zeiten der Verfolgung auch das Gleichgültige für wichtig erklärt; gute Werke folgen notwendig aus dem wahren Glauben, sind aber zur Seligkeit nicht erforderlich; die Lehre von der Erbsünde wird ebenso wie die Allgemeinheit der Gnade Gottes anerkannt, der Calvinismus verdammt und die Allgegenwart des Leibes Christi zur Begründung der lutherischen Abendmahlslehre herbeigezogen" (Weber Lehrbuch der Weltgeschichte 19. Aufl. §. 692). „Die Reichsstände, welche die Formel annahmen, zwangen ihre Kirchen- und Schuldiener zur Unterzeichnung derselben — und dies selbst auf der Universität Tübingen bis in die siebenziger Jahre des achtzehnten Jahrhunderts. So glaubte man der Irrlehre den Mund geschlossen zu haben, so gut als die katholische Kirche" (Roth, Die Universität Tübingen im Jahr 1577, Württembergische Jahrbücher 1871 S. 290). Dieser Zwang und der scheinbare Abschluß der doch auf die Freiheit der Forschung begründeten Lehre der evangelischen Kirche ist es, was hauptsächlich gegen das Konkordienwerk geltend gemacht wird. In der Konkordienformel selbst heißt es aber von den Bekenntnisschriften ausdrücklich im Eingange: „Diese Schriften sind nicht Richter in Glaubenssachen, wie die heilige Schrift, sondern allein Zeugnis und Erklärung

des Glaubens, wie jederzeit, d. i. singulis temporibus, die heilige
Schrift in streitigen Artikeln in der Kirche Gottes von den damals
Lebenden verstanden worden ist." „Die einige Regel und Richt=
schnur, nach welcher zugleich alle Lehren und Lehrer gerichtet und
geurteilt werden sollen, sind allein die prophetischen und apostolischen
Schriften alten und neuen Testaments."

Während seiner häufigen und langen Entfernungen von Tübingen
wurde Andreä im Kanzleramt durch Heerbrand oder auch Schnepf
(s. beide unten) vertreten. Im Lehramt traten für ihn dann ver=
schiedene Hilfslehrer ein, der erste von diesen war Dr. Besenbeck
(s. oben II). Im übrigen hat Andreä doch auch in Tübingen selbst
viel „gelehrt, vorzüglich im Fach der praktischen Theologie, und da=
neben viele Schuldisputationen geleitet und die Thesen dazu gestellt.
Er ist zugleich ein eifriger und gewaltiger Prediger gewesen und
fruchtbarer Schriftsteller, dessen gedruckte Traktate, Streitschriften,
Predigten u. s. w. sich wohl auf 200 Nummern belaufen mögen.
Sein Geist war in der Fakultät der dominierende, dem Heerbrand,
Schnepf, der jüngere Brenz sich willig unterordneten. Sie bewunderten
ihn als den tapfern Kämpfer, der nicht bloß 50 Schlachten, wie
Julius Cäsar, geschlagen, sondern in weit zahlreicheren Kämpfen
unblutiger Art durch das Schwert des Geistes gesiegt habe." „Ein
Mann von seltener Energie, beseelt von glühendem Eifer, das Werk
der Reformation zu fördern und zu vollenden" (Roth a. a. O.).
„Ein Elias, Wagen und Rosse Israels!" wie ihm nach seinem Tode
Heerbrand nachgerufen hat.

Vergl. die von Jakob Andreä selbst verfaßte Lebensbe=
schreibung in seines Enkels Joh. Val. Andreä Fama
Andreana reflorescens, mit den Bildnissen seines Vaters,
seines Bruders, seinem eigenen Bild und den seiner
beiden Frauen. Sein Bild auch bei Freher theatr. 14.

Vergl. ferner Fischlin. Sodann

Allgemeine Deutsche Biographie I S. 436 ff.

Stälin, Wirtembergische Geschichte IV an vielen Orten.

Weizsäcker, Lehrer und Unterricht an der evangelischen
theologischen Fakultät der Universität Tübingen 1877
S. 29—38.

Jakob Andreä war zuerst, seit 1546, verheiratet mit Anna

Entringer von Tübingen, gest. 23. Juli 1583, Mutter von 18 Kindern, dann (1586) mit Regina Prenzingerin aus München, einer Witwe. Der Vater der Anna, ein Tübinger Bürger, geb. 1443, brachte es auf 103 Jahre. Er hatte als Soldat auf Hohentwiel lange Zeit in Treue gegen den vertriebenen Herzog Ulrich ausgeharrt. Eine Schwester der Anna, Margarethe, war die Mutter des Kursächsischen Hofpredigers Polycarp Lyser und aus ihrer zweiten Ehe mit dem wirtembergischen Hofprediger und Abt (zu Abelberg, Bebenhausen, Maulbronn) Lukas Osiander die Mutter des 1562 geborenen Kanzlers Andreas Osiander (1605 bis 1617). Spittler bemerkt in seiner Geschichte Wirtembergs, 1783, S. 199, er kenne keine gleiche Familie, wo der Vater immer einen größeren Polemiker zog, als er selbst war, und bei welcher zugleich die ansehnlichsten geistlichen Stellen in ununterbrochener Weise solange erblich verblieben sind. Die Reihe der berühmten Osiander in der theologischen Fakultät schloß der Bruderzenkel des Lukas, Johann Adam, der von 1680—1697 Kanzler war. Und dieser hatte zum Sohn den Professor der griechischen Sprache Johann Osiander, den glücklichen Verteidiger von Stadt und Schloß Tübingen gegen die belagernden Franzosen 1693, den nachmaligen Prälaten, Direktor des Konsistoriums und Geheimen Rat.

Die Schwägerschaft zwischen Lukas Osiander und Jakob Andreä verstärkte den Einfluß beider auf den für kirchliche Fragen noch am ehesten Teilnahme zeigenden Sohn des Herzogs Christoph, Herzog Ludwig von Wirtemberg, — einen Einfluß, in den sie sich jedoch mit einer zweiten Familie, den Schwiegersöhnen des Johannes Brenz, Eberhard Bidembach und Dietrich Schnepf, im Konsistorium und in der theologischen Fakultät zu Tübingen wieder teilen mußten (Spittler a. a. O. S. 198, Stälin IV S. 819, Weizsäcker a. a. O. S. 61). Kirchen= und Staatssachen aber flossen damals immer zusammen, namentlich da der dritte im Bunde der vertrauteste Geheime Rat Ludwigs, Melchior Jäger, war (Spittler a. a. O. S. 202).

Erwähnenswert bleibt noch, daß zwei Schwäger des Andreä und Lukas Osiander, zwei Brüder ihrer Frauen, bei der alten Lehre geblieben sind: Nikolaus Hestelinus Entringer, Prior zu Weingarten, ein sehr gelehrter Mann und eifriger Liebhaber der Studien, gest. 1572, 73 Jahre alt, — ob Hestelin überhaupt der richtige

Namen gewesen? — und J. Entringer, Priester zu Berg (curio **Bergensis**).

Ein bedeutender Mann ist auch noch Johann Valentin Andreä gewesen, geb. 1586, gest. 1654, der Sohn von Johann Andreä, dem als Abt zu Königsbronn 1601 gestorbenen siebenten der 18 Kinder Jakobs. Schon auf der Universität vielseitig gebildet, auch in der Mathematik und Geschichte, wie in den Dichtern und Rednern kundig, ward er frühe aus der engeren Heimat hinausgeführt. „Das war ja wohl unmöglich, daß der Enkel Jakob Andreäs jemals in der Lehre hätte vom strengen Luthertum abfallen können; aber was gerade einem solchen vor anderen an schwäbischer Selbstseligkeit hätte gefährlich werden können, das wurde Andreä gründlich abgestreift durch die Welterfahrung und den erweiterten Überblick, welchen er durch die Reisen gewann." — „Entscheidend für sein ganzes Leben wirkte 1610 ein Aufenthalt in der Schweiz. In Genf sah er zum erstenmal, was ihm, dem Lutheraner, noch ganz neu war, die Kirchenverfassung und Kirchenzucht Calvins und die daneben bestehende fromme und strenge Sitte, und wurde er ganz davon hingerissen, auch überrascht dadurch, daß die hervorragenden Theologen dort für die deutschen Streitfragen wenig Interesse hatten und ihm so freundlich entgegenkamen." Verhältnismäßig spät erst, 1614, mit 28 Jahren trat er als Diakonus zu Vaihingen ins geistliche Amt. Dort schrieb er seine meisten und besten Schriften, voll Leben und Geist, künstlerisch in der Form, darunter die von Grüneisen 1836 neu herausgegebene Christenburg, ein Lehrgedicht, ferner den Staatsroman Christianopolis und die verschiedenen Bücher, welche die Gründung einer idealen christlichen Gesellschaft zum Ziele hatten. Von 1620 an als Superintendent in Calw begann er, unterstützt von seiner Mutter Marie, einer geborenen Moser, welche er selbst mit der Monica verglich — wer, der es gesehen, denkt dabei nicht an das schöne Bild des heiligen Augustinus von Ary Scheffer, — und welche man in Calw die Mutter der Stadt nannte, mit der praktischen Verwirklichung seiner Wünsche, — wir erinnern an das Färberstift. Haus, Hab und Gut verbrannte ihm während der Schrecken des dreißigjährigen Kriegs, 1634, er verlor seine Kunstsammlungen, seine Dürer und Holbein; — aber mehr als dies kümmerte ihn die allgemeine Not.

Er betrachtete diese als die göttliche Strafe für die in Polemik ausgeartete Theologie. Noch ein größeres Feld für ein praktisches Wirken eröffnete sich für Johann Valentin Andreä, als er auf Melchior Nicolais Rat (s. oben III) von Herzog Eberhard III. im Jahr 1639 zum Hofprediger und Konsistorialrat ernannt wurde. Auf sein Betreiben wurden am 20. März 1639 die alten kirchlichen Ordnungen erneuert, strenge Sittenmandate gegen Ausschweifungen im Essen und Trinken, in Kleidung, gegen fleischliche Vergehen, gegen Gotteslästern und Fluchen, das auch durch die Einführung besonderer Schwörbüchsen in den Wirtshäusern verhütet werden sollte, und gegen Sonntagsentheiligungen erlassen. „Ihm lag insbesondere die Unterdrückung der unter den Greueln des Kriegs und der allgemeinen Not eingerissenen Zuchtlosigkeit und Frechheit am Herzen." Durch seine Bemühungen hauptsächlich kam die Kirchenkonventsordnung von 1644 zu stande. Die Kirchenkonvente sollten von den geistlichen und weltlichen Beamten mit Zuziehung von 2 bis 3 unbescholtenen Gerichts- und Ratspersonen gebildet werden, als eine Aufsichtsbehörde über Sittlichkeit, die Ordnung des Gottesdienstes, über Armen-, Heiligen- (Stiftungs-) und Schulsachen, aber auch mit sittenrichterlichen Befugnissen. Und hier sollten den Kirchenkonventen heimliche Aufpasser an die Hand gehen! Kirchenbann und Kirchenbußen blieben dem Konsistorium vorbehalten. Auch gelang ihm manches zur Wiederherstellung und Erweiterung des Tübinger Stifts; „er kämpfte gegen das, was ihm Simonie und Kirchenraub schien", gegen die Übergriffe des Staats auch auf das Kirchengut und in die Selbständigkeit der Kirche, gegen Habsucht und Schwelgerei. In den 10 Jahren seines Aufenthalts in Stuttgart hielt er über tausend Predigten. „Im ganzen aber hatte er auch in diesem Amte doch mehr Schmerzen und Fehlschlagungen zu beklagen, als sich über Erfolge für seine Ideale zu freuen." Das im Jahr 1650 ihm übertragene Amt eines Abts zu Bebenhausen versah Andreä bis 1654, in welchem Jahr er, kaum auf die Prälatur zu Adelberg versetzt, in Stuttgart, wo er seinen Wohnsitz hätte nehmen dürfen, in einem ihm von seinem edlen Gönner, dem Herzog August von Braunschweig, geschenkten Hause am 27. Juni starb.

Allgem. Deutsche Biographie I S. 441. Eisenlohr, Einleitung in die württembergischen Kirchengesetze S. 122 ff. 154 ff.

Zu 3.

Johann Valentin Andreäs Tante, die Schwester seines Vaters und Tochter Jakob Andreäs, die erste Frau des Juristen Johann Harpprecht, wurde die Großmutter der Gattin des Theologen Balthasar Raith.

Von Balthasar Raith und Maria Margarethe geb. Rümelin aber stammte nun, wie wir gesehen haben, der Stadtpfarrer und Dekan Georg Balthasar Raith, zu Brackenheim, geb. 1645, gest. 1723, welcher die Maria Katharine Zeller, geb. 1650, gest. 1710, zur Ehefrau hatte.

Durch sie kommen wir an die Zellersche Familie.

Als Stammvater der **Zeller** gilt Konrad Zeller, Steinmetz von Martinszell. Derselbe lebte mit seiner Gattin Elsa, geb. Lascher oder Loscher, ums Jahr 1500. Man weiß weiter von ihm, daß er 1548 seinem Sohn, dem Baumeister Johann Zeller von Tuttlingen, beim Bau der Feste Hohentwiel für Herzog Ulrich geholfen hat. Der letztere, Johann Zeller, bekannte sich unter der Einwirkung von Schnepf zur evangelischen Lehre. Er hatte Walburga, die Tochter eines Tuttlinger Bürgers, geheiratet und starb vor 1574.

Der Sohn des Baumeisters Zeller hieß gleichfalls Johann; geboren 1548, magistrierte er 1571, wurde im gleichen Jahr noch Klosterpräzeptor zu St. Georgen, 1574 Diakonus in Sulz, 1576 Pfarrer zu Böhringen, 1580 Pfarrer zu Rothfelden Oberamts Nagold und starb 1613, nachdem er seit 1574 mit Walburga Haag verheiratet gewesen, der 1542 geborenen Tochter des Jakob Haag aus einer alten, schon 1350 genannten Tübinger Familie und der Anna Morhold. Diese Walburga starb 1622.

Ein dritter Johann Zeller, geb. wohl im Jahr 1575, war 1600 Diakonus in Heidenheim, 1603 Pfarrer zu Breitenberg, 1609 zu Bulach und 1613, nach dem Tod seines Vaters, Pfarrer gleichfalls zu Rothfelden, seinem Geburtsort, wo er dann auch bis zu seinem Lebensende, 2. Februar 1635, verblieb; **singulari hospitalitate notus** nach Fischlin II 209, — also ein gastfreies Pfarrhaus. Im September gleichen Jahres starb auch die ihm seit

1600 angetraute Beatrix Bloß von Heidenheim, geb. ums Jahr 1580, die Schwester des Oktavian Bloß, Kellers zu Kirchheim.

Gehen wir nun, ehe wir die Zeller weiter verfolgen, den Vorfahren dieser Beatrix nach.

Die Bloffen kamen von Ulm oder Augsburg nach Wirtemberg. Im XV. Jahrhundert waren dieselben ulmische Patrizier; eben zur gleichen Zeit auch in der Mehrerngesellschaft zu Augsburg, und wurden 1533 dort in die Herrenstube aufgenommen (d. i. gleichfalls Patrizier).

Blossenau ist ein Dorf bei Monheim in Pfalz-Neuburg; Blossenstaufen (wohl Stauffen bei Giengen), mit Schloß einst zur Landvogtei Höchstädt gehörig, später reichsritterschaftlich, war aber sicher Eigentum der Blossen, von denen es den Namen hat. Das Wappen dreifach geteilt, schwarz-weiß, schwarz-weiß, oben 2 Hörner.

Die Eltern der Beatrix Zeller, geb. Bloß, waren Oktavian Bloß, Bergwerksfaktor zu Mergelstetten — und Margaretha Taur von Heidenheim; — vielleicht Verwandte, abstammend von dem Stadtschreiber Balthasar Moser zu Urach, 1517, der dann Vogt zu Herrenberg und seit 1525 Kammerrat des Herzogs Ulrich wurde. Derselbe entsandte diesen Moser u. a. wegen einer Anleihe nach Ulm; zuletzt war Moser 1546 Vogt in Schorndorf.

Doch bleiben wir zunächst noch bei den Blossen, so begegnen wir dem mit Anna Moser verheirateten Großvater der Beatrix, der wie der Vater der letzteren, Oktavian Bloß hieß, 1546 als Stadtschreiber zu Göppingen, wo er noch 1553 bei seiner Verheiratung war. Auch ihn hatte 1546 Herzog Ulrich verschickt, als Landschreiber nach dem eroberten Dillingen.

Die Moser aber lassen sich von jenem Balthasar an noch 2 Generationen weiter aufwärts verfolgen; beide repräsentiert durch einen Balthasar, genannt Marstaller, wie er denn der zweite, 1497 zu Stuttgart verstorbene, Stallmeister des Grafen Ulrich von Wirtemberg war. Derselbe hatte von seiner ersten Frau, Magdalena Haugin, 8 Kinder, worunter 3 Nonnen. Von dem dritten Balthasar, dem obengenannten, und dessen Frau Apollonia, einer geborenen Winzelhäuser, die mit ihm in der Spitalkirche zu Stuttgart begraben liegt, geb. 1495, gest. 1569, der Tochter des während der österreichischen Herrschaft bestellten Kammermeisters Ulrich Winzelhäuser,[1]), gest. 1525, in der St. Leonhardskirche begraben, stammten außer der Anna, der Gattin des älteren Oktavian Bloß, noch Valentin Moser, Vogt zu Herrenberg, 1565, und Balthasar, Bürgermeister zu Göppingen, dann Kammerrat zu Stuttgart, — diese beiden 1573 als „Moser von Filseck" in den Adelstand erhoben.

Der letztgenannte Balthasar endlich, also der vierte bekannte dieses Namens unter den Moser, hatte eine Tochter Barbara, vermählt mit dem

---

[1]) Winzelhausen ist Winzerhausen am Fuß der Burg Wunnenstein bei Beilstein.

Klosterverwalter Kaspar Daur zu Herbrechtingen, geb. 1556, gest. 1628, Klosterverwalter von 1583—1594, und beide sollen dann die Eltern jener ersterwähnten Margaretha Daur, der Mutter der mehrgenannten Beatrix Zeller, geb. Bloß, gewesen sein; — so wenigstens nach Faber. Indessen würden hier die Zeitangaben nicht stimmen. Wahrscheinlicher scheint die andere Version, daß ein Michael Daur von Heidenheim der Vater der Margaretha war und Konrad Daur, der 1582 heiratete, ihr Bruder gewesen ist. Die Daur kamen von Augsburg. Auf den Frühmeßaltar zu St Ulrich daselbst machte im Jahr 1491 ein Meister Adolf Dawhr, Bildhauer, der Schwager des Bildhauers Gregori bei Kaiser Maximilian, eine hölzerne Tafel, wofür er 350 fl. erhielt.

Daß die Daur mit den Moser in näherer Verbindung standen, beweist unter anderem die Notiz, daß 1557 Herzog Christoph gemeinschaftlich mit Martin Eisengrein von Stuttgart, Moser von Göppingen und Michael Daur von Heidenheim, den Ulmern Besserer und Ehinger ihre sämtlichen Eisenwerke zu und bei Heidenheim (auch zu Mergelstetten, Königsbronn ꝛc.) abkauste, solche aber alsbann diesen selben Räten als Erblehen erteilte. Deren Erben verkaufen dann wieder im Jahr 1598 ihre zwei Drittel daran dem Herzog Friedrich für 47 417 fl. (Oberamtsbeschreibung von Heidenheim S. 81).

Wir haben gesehen, daß der ältere Oktavian Bloß eine Anna Moser, der jüngere Oktavian eine Margarethe Daur geheiratet hat und daß eine Tochter aus der letzteren Ehe die Schwester eines dritten Oktavian, die Beatrix Bloß war, seit 1600 die Ehefrau des dritten Johann Zeller, zweiten Pfarrers dieses Namens zu Rothfelden.

Kehren wir daher jetzt zu den Zeller zurück.

Von dem oben genannten Paar leiten 4 Brüder ihre Abkunft ab:

1. Johann Konrad Zeller, geb. zu Heidenheim 1603, baccalaureus 1621, magister 1625, Diakonus zu Wildberg 1631, Dekan daselbst 1635, zu Vaihingen 1654, auch Generalsuperintendent, dann Abt zu Bebenhausen 1660, im größeren, 1666 im engeren ständischen Ausschuß, 1669 erster Assessor und Senior in demselben, 1683 gestorben und im Kloster Bebenhausen begraben (Leichenrede von Reinhardt; Epicedium von Spener, Senior zu Frankfurt); s. ferner Fischlin II 209 ff., wo auch dieses Zellers Gastfreiheit und Wohlthätigkeit gerühmt wird, außerdem seine prudentia, vigilantia, assiduitas in muneribus, ardor pietatis, fides erga domesticos, patientia in adversis. Von seinen Schriften sind hervorzuheben die biblischen Summarien und die katechetische Unter

weisung zur Seligkeit oder kurze Auslegung des Brenzischen Katechismi. Über einer weiteren Schrift: dem Bekenntnis der wirtembergischen Kirche von dem wöchentlichen Sabbat des neuen Testaments geriet Johann Konrad Zeller in eine Polemik mit Tobias Wagner (s. oben III).

2. **Christoph Zeller**, geb. 1605, gest. 1669, Propst zu Denkendorf.

3. **J. Ulrich Zeller**, geb. 1615, gest. 1670; Geheimer Rat: „Dieses war ein gottseelig und gelehrter, vortrefflich beredter und sehr laboriöser Mann, glücklich in Expeditionibus und Commissionibus, allenthalben beliebt wegen friedliebenden Gemüths" (Dienerbuch S. 23). Von ihm kommt die Zellersche Stiftung zum Neuen Bau in Tübingen (Faber, Familienstiftungen H. VI).

4. **Johann Zeller**, geb. 1620, gest. 1694, Abt zu Maulbronn.

Eine Schwester dieser 4 Brüder, Anna Maria, heiratete 1599 den späteren Hofprediger J. Hauber.

Für uns hat vorzugsweise Bedeutung der zuerst genannte Johann Konrad Zeller, der dreimal verheiratet war, zuerst 1613 mit Anna Maria Essich von Bulach, dann 1636 mit Blandina Grückler und zuletzt 1642 mit Judith Schwarz, geb. 1612, gest. 1677, — und 14 Kinder, 45 Enkel hatte.

Denn die älteste Tochter aus der dritten Ehe war Maria Katharina Zeller, geb. 1650, gest. 1710, die schon mehr erwähnte Gattin des Brackenheimer Dekans Georg Balthasar Raith.

Bei deren mütterlichen Vorfahren müssen wir daher gleichfalls wieder noch etwas verweilen. Ihnen sind die nächsten Seiten gewidmet.

Die **Schwarz**sche Genealogie beginnt mit

Hans Schwarz von Leidringen bei Rosenfeld und Petronella Imhof aus einem Rottweiler Patriziergeschlecht.

Dann folgt Thomas Schwarz und Brigitta Jörger von Schabenhausen im Amt St. Georgen;

ferner Johann Schwarz, vulgo Hans von Rosenfeld — ein J. Schwarz, Bürger zu Rottweil, hatte einen Jahrtag in der Kapelle zu Uns. L. Frauen daselbst — und Barbara von Thalen (Thalheim bei Horb?).

Und nun drei Schwarz, die Großvater, Vater und Sohn, 92 Jahre lang die Pfarrei zu Altdorf Oberamts Böblingen versahen, zuerst mit der Reformation 1552 Johann Thomas, vorher Präzeptor zu Großbottwar — hatte nicht magistriert, war verheiratet mit Anna Birer, gest. 1591; dann sein Sohn gleichen Namens, geb. ums Jahr 1552, zuerst 1577 Pfarrer zu Feldrennach, 1585 zu Gebersheim, und von 1591 bis zu seinem Tod 1616 zu Altdorf, endlich Jeremias Schwarz, geb. 1583, Diakonus zu Herbrechtingen, 1612 Pfarrer zu Baltmannsweiler, von 1616 bis 1643 in Altdorf, der Vater der oben genannten Judith Schwarz, Johann Konrad Zellers dritter Frau. Ein Bruder der letzteren, J. Wilh. Schwarz, geb. 1614, gest. 1683, war seit 1645, 30 Jahre lang, Bürgermeister zu Stuttgart, auch seit 1649 Mitglied des engeren Ausschusses.

Die Mutter beider, die Gattin des Jeremias Schwarz, Katharina, geb. 1589, hatte dieser aus dem gleichfalls weit hinauf nachweisbaren Geschlechte der **Mögling** geholt.

Der Name wird, auch in der Tübinger Matrikel, verschieden geschrieben: Meglinger, Maeglin, Meglin, Megle, Moglin. Das Wappen zeigt einen linksspringenden Widder, golden in blauem Feld auf dem Helm den Widderkopf zwischen 2 Hörnern. Der Stammvater Wilhelm Mögling soll nach H. Wellings aus der Familientradition schöpfenden **Moeglingiades** s. oratio funebr. auf Israel Mögling. Tübingen 1602, — 120 Jahre alt geworden und wegen seines religiösen Eifers von 2 Päpsten auf den Index gesetzt worden sein. K. Friedr. Haug glaubt jedoch, daß letzteres eher von seinem Sohne Martin gelte.

Ein zweiter Sohn Johann Mögling, genannt Heidenmann, Forstmeister zu Urach, wurde 100 Jahre alt und war mit Agnes Strylin verheiratet, vielleicht der Witwe von Gebhard Brastberger zu Urach (s. oben), der Schwester des Jakob Strylin, Chorherrn des St. Amandusstifts zu Urach und des St. Georgenstifts zu Tübingen, gest. 1576, von welchem die Strylinsche Stiftung (Faber, Familienstiftungen, Heft X) für Theologie Studierende.

Johann Möglings Sohn, gleichfalls Johann mit Namen, brachte es auf 80 Jahre. Ein vornehmer Bürger zu Urach, hatte er die Barbara Brastberger zur Frau, eine Bruderstochter des Dr. und Prof. jur. Gebhard Brastberger (s. oben).

Der dritte Johann Mögling, geb. zu Urach 1495, Bürger und Bäcker zu Tübingen, war 8 Jahre blind, wurde dann geheilt und 1541 aus Dankbarkeit evangelisch. Er starb 60 Jahre alt am 9. März 1555. Sein und seiner Gattin Epitaph befindet sich in der St. Georgenkirche zu Tübingen. Diese Frau Scholastica (Lasta) Fritzinger von Tübingen, geb. 1503, gest. 1583, hatte 13 Kinder, darunter 3 Doktoren der Medizin: Wilhelm (s. unten), Nicolaus und Daniel. Der Vater der Scholastika hieß Nicolaus Fritzinger, ihre Mutter war eine geborene Höschlin aus einer angesehenen Tübinger Bürgerfamilie, welcher die Ziegelei vor dem Lustnauer Thor gehörte.

Auch die Vorfahren des Nicolaus Fritzinger waren bis zum vierten Glied Ratsverwandte zu Tübingen. 1464 verzichtete Hans Fritzinger — der erbare, reiche, bescheidene Richter, wie er 1478 genannt wird, — auf seine von seinem Sweher Conrad Widmeyer erblich ihm zugefallenen Ansprüche auf den Hof (Fronhof des Klosters St. Blasien) zu Wennfeld (unweit Tübingen am Eingang des Wankheimer Thälchens bei einer Kapelle des heil. Nicolaus, — beide längst eingegangen). 1483 wird ein Haus des Claus Fritzinger in Tübingen erwähnt. Jener Nicolaus, der Vater der Scholastica, saß 1522 im Gericht. Treu beim Herzog Ulrich, erhielt er von demselben aus dessen Exil einen Brief. Er starb 1524. Und weil nun auch von seinem Schwager Widmeyer schon die Rede war, so sei erwähnt, daß nach Akten des Spitals zu Tübingen Heinrich der Widmeyer, dortiger Bürger, die Vogtei zu Wennfeld 1339 von Rüdiger von Wurmlingen, Ottos sel. Sohn, für 60 Pfund Heller gekauft hatte. 1368 vergleicht sich Cunz der Widmeyer, des verstorbenen Heinrich Bruder, mit St. Blasien über den Hof. 1374 verzieht sich Cunz seiner Rechte auf letztern. 1391 aber verleiht der Abt von St. Blasien den halben Fronhof zu Wennfeld dem minderjährigen Konrad, Konrads Sohn. 1427 endlich wird ein Konrad Widmeyer als Fleischbankaufseher zu Tübingen genannt.

Wilhelm Mögling, des dritten Johann ältester Sohn, geb. um 1526, inskribierte zu Tübingen 1541, magistrierte 1546, wurde dann Med. Dr., Physikus zu Weißenburg im Elsaß; zu Rothenburg a. T., 1557 auch Scholarch daselbst, ferner Physikus zu Heidenheim, in Göppingen, endlich ordentlicher Professor der Medizin zu Tübingen und starb 1565. Seine erste Frau war Martha Kyrsemann von Weil der Stadt; sie starb 1556, worauf Wilhelm Mögling die Barbara Tettelbach von Ansbach heiratete.

Jener Martha Vater Oswald Kyrsemann (auch Kirschmann), welcher 1498 und noch 1513 Stadtschreiber zu Calw war, stellte am Sonntag nach

Fronleichnam im Jahr 1502 ein Trauerspiel von der Passionsgeschichte dar in Gegenwart vieler Tausend Personen, namentlich des Kardinals Raimund, der Herzogin Elisabeth von Wirtemberg, zweier Markgrafen von Baden, des Abts von Hirsau. Der Kardinal erteilte jedem, der mit Andacht diesem Spiel beiwohnen oder zusehen würde, 20jährigen Ablaß (Crusius spricht gar von 240 Jahren), s. Sattler, Topogr. Geschichte pag. 206. 1522 wurde Oswald Kyrsemann Notar und Steuerrenovator zu Tübingen; nachher zog er nach Weil der Stadt, wo auch sein Sohn Simon 1526 lebte.

Die Frau des Oswald Kyrsemann, Anna, gehörte zu der Familie **Breuning**, einer der ältesten und ehrbarsten in Tübingen, am blühendsten beim Übergang vom XV. ins XVI. Jahrhundert bis zur Hinrichtung des zuvor längere Zeit schwer gefangen gehaltenen Tübinger Vogts Konrad Breuning am 27. September 1517 (Stälin, Wirtemb. Geschichte IV S. 145; Allgem. Deutsche Biographie III S. 321). In der St. Georgenkirche zu Tübingen ist in der Ecke rechts vom westlichen Portal die Breuningische Kapelle mit einer aus dem XV. Jahrhundert stammenden Tafel, auf welcher die Namen der hier begrabenen Breuning vom Jahr 1230 bis 1616 fortgeführt sind. Die Anna hatte einen Bruder gleichfalls mit Namen Konrad, 1477 Altpfarrer und Dekan zu Tübingen, Stifter der Kaplaneipfründe, von welchem auch die 1575 erneuerte **Breuningische Stiftung** herrührt. Das Wappen der Breuning zeigt 3 rote Streitkolben im weißen Feld, ganz verschieden von dem Wappen der Breuning von Augsburg und Köln.

Wir haben in dem Vorstehenden von den Mögling den Stammvater Wilhelm, darauf 3 Johann, zuletzt den Mediziner Wilhelm kennen gelernt. Des letzteren Sohn nun hieß gleichfalls Wilhelm, war geboren 1553 zu Tübingen, 1575 Diakonus zu Bietigheim, 1577 zu Stuttgart, 1579 Stadtpfarrer daselbst, 1582 Dekan und Konsistorialrat, 1586 Generalsuperintendent zu Vaihingen, 1601 Abt zu Königsbronn und fürstlicher Rat. Er starb 1602, 2. August, mit Hinterlassung einer Witwe Brigitta, geb. 1558, welche später seinen Amtsnachfolger Melchior Hägelin (s. oben II) heiratete und noch 1623 lebte.

Diese Brigitta aber hatte zum Vater den Kanzleiadvokaten Matthäus Alber oder Aulber und zum Großvater den Reutlinger Reformator gleichen Namens.

Die **Alber** kommen in Reutlinger Urkunden seit 1365 öfters vor. So wird 1432 ein Hans Aulber, Mundschenk des Grafen von Wirtemberg, wegen seiner treuen Dienste mit dem Zehnten von Weiler ob Seeburg belehnt.

Jodokus Alber, Goldschmied zu Reutlingen, und Anna Schellingerin, gest. 1502, waren die Eltern von **Matthäus Alber** dem älteren (oder Aulber), der, 1495 geboren, früh seinen Vater verloren hat, dann die Lateinschulen zu Schwäbisch Hall, Rotenburg a. T. und Straßburg besuchte, schon 1512 als Provisor bei dem Präzeptor in Reutlingen Dienste versah, im Jahr 1513 die Universität Tübingen bezog und sich dort mit Melanchthon befreundete. Er war Primus sowohl als baccalaureus 1516, wie als Magister 1518, dann zunächst Theolog. Studiosus und zugleich Dozent in Freiburg; endlich 1519 als Prediger nach Reutlingen berufen, nachdem er zuvor noch in Constanz die Weihe zum Priester erhalten hatte. In der Heimat aber wirkte er von dem Antritt seiner Stelle an entschieden reformatorisch, 1520; auch führte er dort schon 1524 den deutschen Gottesdienst ein. Im gleichen Jahr heiratete Alber die Klara Bawrin, damals 20jährig, die ihm 10 Kinder gebar und von diesen 153 Enkel und Urenkel erlebte, eine Tochter des Jakob Bawr und der Anna Marlin (Mährlin?) Nach einem dreitägigen Verhör vor dem Reichsregiment (Reichskammergericht), das er in Eßlingen zu bestehen hatte, im Dezember 1524, war sein Ansehen in Reutlingen ein unbeschränktes. Der schwäbische Luther! Er trotzte der Exkommunikation und der Acht; bekämpfte aber auch, wie Luther, den Bauernaufstand und die Wiedertäufer. Bei dem Einzug des Herzogs Ulrich in Reutlingen 1534 hielt Alber die Lagerpredigt; 1536 traf er in Wittenberg persönlich mit Luther zusammen. 1539 **Theol. Dr.** 1548 aber kam das Interim, das Alber verwarf, weshalb er Reutlingen verlassen mußte. Dagegen wurde er nun als erster evangelischer Stiftsprediger nach Stuttgart berufen, und zugleich geistlicher Rat in der obersten Kirchenbehörde, 1553 erstes Mitglied der sog. Visitation (des Konsistoriums), 1563 endlich Abt zu Blaubeuren, wo er an seinem Geburtstag, dem 2. Dezember 1570, starb. In der Stadtkirche dort befindet sich sein Denkmal mit den Bildern seiner Frau und seiner Kinder. Ein Epitaph ist auch in der Spitalkirche zu Stuttgart.

Alber ist eine der würdigsten Gestalten in der schwäbischen Reformationsgeschichte, zeitlebens dem Freunde seiner Jugend Melanchthon herzlich ergeben und maßvoll, wie dieser; früh in Verbindung mit Zwingli, später mit Luther, neigte er sich mehr und mehr des letzteren Richtung zu. Bemerkenswert ist seine Reutlinger Kirchenordnung, eine der ältesten, wenn nicht die älteste, in Schwaben.

s. Gayler, Geschichte von Reutlingen 1. S. 627. Stälin, Wirtemb. Geschichte IV S. 245.

Besonders aber Julius Hartmann, Matthäus Alber, mit seinem Bildnis 1863.

Von seinen 10 Kindern sei zunächst aufgeführt die Tochter Anna, geb. 1525, verheiratet mit Dr. Jakob Beurlin von Dornstetten. Dieser seit 1551 Professor der Theologie in Tübingen, war der erste Lehrer, welcher an der neuen Fakultät selbst schon studiert hatte, ein Schüler von Erhard Schnepf, noch einer der Männer, welchen die Reformation höher stand, als die Orthodoxie. Im Jahre 1554 wurde er der Osiandristischen Händel wegen nach Königsberg gesandt, trotzdem daß die Universität dagegen unter anderem vorgestellt hatte, Dr. Beuerlin sei ohnedies nicht der stärkste, um den Gefahren der weiten Reise und dem schrecklichen Klima widerstehen zu können. Er war dann mehrjähriger Vizekanzler, bis er am 3. November 1561, als der erste Evangelische, zum wirklichen Kanzler ernannt worden ist, eine Ernennung, welche ihn jedoch nicht mehr erreichte, da er, wieder auf einer amtlichen Reise, in Paris am 28. Oktober gestorben war. Aus diesem Grunde wird er auch als **Cancellarius posthumus** bezeichnet.

Eine zweite Tochter des Matthäus Alber, Marie, geb. 1528, gest. 1591, hatte den Kirchenratsdirektor Enzlin zum Gatten und war die Mutter des unter dem Herzog Friedrich sehr hochgestellten und einflußreichen, nach dessen Tod im Jahr 1608 aber gestürzten und 1613 am 22. November auf dem Uracher Marktplatz enthaupteten Geheimen Rats Matthäus Enzlin.

Unter den späteren Nachkommen Albers befinden sich der Tübinger Kanzler Christoph Matthäus Pfaff, die Gattin J. A. Bengels, die Urgroßmutter von Ludwig Uhland.

Ein Sohn des Reformators endlich war der schon genannte Kanzleiadvokat bei dem Oberrat Matthäus Alber, geb. 1529, gest. 1605 und in der Spitalkirche zu Stuttgart begraben, verheiratet mit Maria Lang von Augsburg, welche, gest. vor 1564, eine Tochter des Advokaten Dr. Christoph Lang, dem uralten, augsburgischen Patriziergeschlecht angehörte, das zu Anfang des

XV. Jahrhunderts heruntergekommen, noch einmal zu hohem Glanz gelangt war durch den aus ihm hervorgegangenen Erzbischof Matthäus Lang, geb. zu Augsburg 1468, Kammersekretär des Kaisers Friedrich III., Geheime Rat und Hofkanzler bei Kaiser Maximilian und von diesem zu den wichtigsten Verhandlungen in Italien, Frankreich, Ungarn gebraucht. Derselbe war auf allen Reichstagen, wurde 1505 Bischof zu Gurk, 1511 Kardinal, 1519 Fürstbischof zu Salzburg. Auch von Kaiser Karl V. als Bevollmächtigter auf den Wahlkonvent zu Frankfurt geschickt. Gepriesen von den Herstellern der Wissenschaft, blieb er doch der heftigste Gegner der Lutheraner. Mit ihm ging der letzte deutsche Bürgersohn dahin, der im Reich vor der großen Säkularisation Inhaber eines erzbischöflichen Stuhls gewesen. Eine sehr begabte, aber herrische und verletzend hochmütige Persönlichkeit! Er starb 1540.

Schnurrer oratio de Matth. Langio in seinen orationes academicae, ed. Paulus 1828.

Allgemeine Deutsche Biographie XX S. 610.

Des jüngeren Matthäus Alber, geb. 1529, gest. 1605 und der Maria Lang Tochter Brigitta, geb. 1558, haben wir kennen gelernt als Gattin des Abts Wilhelm Mögling von Königsbronn, geb. 1553, gest. 1602 (und in zweiter Ehe von Melchior Hägelin).

Aus der Möglingschen Verbindung stammte Katharina Mögling, geb. 1589, die Ehefrau des Pfarrers Jeremias Schwarz zu Altdorf, geb. 1583, gest. 1643;

von den letzteren Judith Schwarz, geb. 1612, gest. 1677, die dritte Frau des Abts Johann Konrad Zeller in Bebenhausen, geb. 1603, gest. 1683; von diesen endlich

Maria Katharina Zeller, geb. 1650, gest. 1710, die Gattin von Georg Balthasar Raith, geb. 1645, gest. 1723, zuletzt Dekan in Brackenheim.

Zu 4.

Der Sohn von Georg Balthasar Raith, und von Maria Katharine, geb. Zeller, Johann Konrad Raith, Pfarrer zu Holzhausen, Weiler und zuletzt von Affalterbach, geb. 1672, gest. 1738, hat dann die Maria Katharine Oelenheinz geheiratet.

Was über die Herkunft der **Oelenheinz** beizubringen war, ist folgendes.

1509 inskribiert zu Tübingen Michael Heilenhans (Haylenheinz) von Stuttgart, 1510 Leonhard Ellenhans von Wimpfen, 1525 Balthasar Eleheinz von Stetten. Ein Kanonikus dieses Namens an der St. Georgenkirche zu Tübingen wird 1536 mit anderen verleibbingt.

Wohl ein anderer Balthasar Elenheinz wird 1534 als Pfarrer zu Altdorf im Schönbuch aufgeführt; 1556 Stadtpfarrer zu Böblingen, 1563 erster evangelischer Abt zu Alpirsbach und herzoglicher Rat, gest. 1579. Von Nicodemus Frischlin besungen bei Fischlin I 129 genannt.

Sein Sohn Wilhelm war 1559 Pfarrer zu Magstatt, 1563—1595 Stadtpfarrer zu Böblingen und seit 1585 verheiratet mit Katharine, Martin Wetzels Tochter, von Tübingen, und vorher mit des Mark Kemmlers Tochter gleichen Namens von dort.

Darauf folgen 3 Joseph Oelenheinz:

der älteste 1593 Diakonus zu Großbottwar, 1597 Stadtpfarrer zu Waldenburg, 1610 zu Nürtingen,

der mittlere, geb. 1607, Pfarrer zu Neckarhausen, 1632 bis 1635,

der jüngste, geb. 1633, 1657 Diakonus zu Güglingen, 1661 zu Nürtingen, 1693 Pfarrer zu Weil im Schönbuch, gest. 1694.

Mit wem der älteste Joseph Oelenheinz verheiratet war, wissen wir nicht mehr. Die Frau des zweiten hieß Maria Lohet, Tochter von Johann Lohet, welcher etwa 1589 in Stuttgart geboren sein mag, 1612 Diakonus in Beilstein, 1617 zu Willsbach, 1634 zu Neuhausen a. b. Erms wurde und 1637 starb, — aus einer Familie, welche mehrere tüchtige Organisten unter ihren Gliedern zählte, von denen aber der Straßburger organicus musicus insignis zugleich juris utriusque Doctor war.

Ein anderer Jurist dieses Namens war 1604 Professor am Collegium illustre.

Im Jahr 1612 war Johann Lohet in die Ehe getreten mit Anna Margaretha Faber, der Tochter von Alexander Faber (auch Fabri) aus Bietigheim. Zuerst 1582 Präzeptor von 3 Junkern von Hutten, mit denen er die Universität besuchte, dann pfalzgräflicher Rat zu Simmern, beider Rechte Doktor, starb Alexander Faber 1598 als Hofgerichtsassessor zu Tübingen, nachdem er 1587 mit Margaretha Essich von Bulach sich verheiratet hatte. Dem Vater der letzteren, dem Vogt Bartholomäus Essich, sind wir schon früher begegnet. Sie blieb nicht lange Witwe, sondern nahm 1601 den Dr. jur. Jodokus Kolb zum zweiten Mann.

Der jüngste Joseph Oelenheinz endlich war der Urgroßvater des 1745 zu Endingen Oberamts Balingen geborenen, beliebten und vielgesuchten Porträtmalers August Friedrich Ölenheinz (Oberamts= beschreibung S. 363), — er war auch der Vater jener mehrge= nannten Maria Katharine, der Gattin von Johann Konrad Raith; — die Mutter der letzteren aber, die Frau des dritten Joseph Oelenheinz, war Maria Katharina Heerbrand.

Die **Heerbrand'sche** Familie führt uns nun in ihren Anfängen abermals in die erste Hälfte des XV. Jahrhunderts zurück.

1420 sagt Hans Heerbrand für die Gräfin Henriette von Wirtemberg denen von Geroldseck Fehde an. Derselbe kam 1442 bei der Teilung der wirtembergischen Lehensleute zum Uracher Teil. Doch stand dieser Hans Heerbrand mit unserer Maria Katharina wohl kaum in einem Verwandtschaftsverhältnis, eher der Jakob Heerbrand von Giengen, welcher 1477 die Universität Tübingen be= zogen hat.

Dorthin, nach Giengen, war Peter Heerbrand mit seinem Sohne Andreas aus der Fremde gekommen, wie Cellius vermutet aus Jülich. Sie wurden Bürger daselbst und Andreas, ein Weber, nicht ohne Bildung, von Anfang an eifrig evangelisch, vermählte sich 1520 mit Barbara Martini aus einer angesehenen Familie, ötingischen Lehensträgern.

Ihr Sohn war **Jakob Heerbrand,** geb. 1521. Der gut be= gabte, wissenseifrige, ungemein fleißige Knabe besuchte mit dem 15. Jahre die Lateinschule in Ulm, und bezog darauf 1538 die Uni= versität Wittenberg, wo er der Schüler von Luther, Melanchthon, Bugenhagen wurde und wegen seines Fleißes noctua Suevica d. i. die schwäbische Nachteule genannt ward. Sein ganzes Leben hin= durch blieb er ein unerschütterlicher Anhänger jener Reformatoren. 1542 veranlaßte Schnepf seine Ernennung zum Diakonus in Tübingen, 1551 Brenz seine Beförderung auf die Pfarrei zu Herrenberg. Um dieselbe Zeit erhielt er den theologischen Doktorhut. Hatte schon Schnepf bei Heerbrands Examen ausgerufen: Dich hat Gott mir zugeführt! so gestaltete sich jetzt der Verkehr zwischen Heerbrand und Brenz immer freundschaftlicher. Dieser begrüßte einst den jungen Herrenberger Pfarrer mit den Worten: „So oft ich dich sehe, immer ist es eine Freude für mich, denn durch deinen Unterricht wirst du die Kirche fördern, überall die reine Lehre verbreiten und eine Zierde der Geistlichkeit werden!" Mit Brenz, Beurlin, Wanner (Vannius) wurde 1552 auch Heerbrand zu dem Konzil nach Trient abgesandt (Stälin IV S. 506); 1556 zog er in Begleitung von Jakob Andreä auf die Einladung des Markgrafen Karl von Baden-Durlach nach Pforzheim, um die Reformation in Baden durchzuführen, zu welchem Zweck er ein Jahr Urlaub erhielt; 1557 im Januar stand er an dem Sterbebette des Markgrafen Albrecht Alcibiades von Brandenburg-Culmbach und nahm später im Gefolge des badischen Markgrafen teil an dem Frankfurter Gespräch (Stälin IV 572). Dann kehrte er in die Heimat zurück, als Professor der Theologie nach Tübingen berufen, 1561 zugleich Dekan an der Georgenkirche und Superattendent des Stifts, über 20 Jahre ökonomischer Deputatus, zwischen 1559 und 1588 achtmal Rektor. Wiederholt auch Stellvertreter des auf Reisen abwesenden Kanzlers Andreä. Nach dessen Tod 1590 Propst und Kanzler der Universität, Superintendent des **Collegium illustre**. 1573 gab er sein **Compendium Theologiae** heraus, nach Melanchthons „Loci" das erste wissenschaftliche System der neuen Theologie, nach welchem auf den meisten evangelischen Universitäten gelesen wurde. Er übersetzte die Konkordienformel ins Lateinische. 1578, bei dem einige Monate verspätet gefeierten ersten Jubiläum der Universität, hielt Heerbrand die Festpredigt über den evangelischen Abschnitt vom Hauptmann von Kapernaum. Auch er soll es während seiner langen Wirksamkeit als Lehrer fertig gebracht haben, nie eine Lektion versäumen zu müssen. Seine Hauptvorlesung waren die fünf Bücher Mosis. Darein scheint er die ganze Theologie verwoben zu haben; denn er hat diese Vorlesung in 40 Jahren nur viermal absolviert. Dafür soll er in derselben aber nicht bloß von Gott und seinen Eigenschaften, sondern auch von den Engeln, dem Himmel, den Sternen, von Erde, Meer, Menschen, Tieren und Pflanzen gründlich gehandelt haben. War er doch auch ein Freund des Garten- und Weinbaus, dabei ein trefflicher Mehrer seines Vermögens, in weltlichen Geschäften erfahren und vorsichtig, der Berater Unzähliger.

Auf die Haltung der wirtembergischen Geistlichen und die Tübinger Theologie aber hat nächst Andreä insbesondere Jakob Heerbrand durch Vorbild und Schriften auf lange Zeit hinaus den größten Einfluß geübt, und sind Andreä und Heerbrand auch in wissenschaftlichen Kreisen die bekanntesten Namen damaliger Zeit geblieben.

Am 5. Januar 1599 hatte der nahezu achtzigjährige Jakob Heerbrand seine Resignation eingereicht: die Freude am Beruf sei zwar noch vorhanden, aber die körperlichen Kräfte und das Gedächtnis versage, was doch einem Professor der Theologie von nöten, welcher zur Ehre und Würde der Hochschule, sowie zum Nutzen der studierenden Jugend zu wirken berufen sei. Kaum 1½ Jahre später am 22. Mai 1600 starb er. Er ist begraben in der St. Georgenkirche. Sein Wappen war ein gespaltener Schild, silbern und golden, darüber ein Mann mit brennender Fackel. Seine Frau Margarethe, eine Tochter des Tübinger Bürgermeisters und Hofgerichtsassessors Stammler (desselben, welchen Roth in den Württembergischen Jahrbüchern 1871 S. 285 als Begleiter des Nicolaus Varnbüler nach Augsburg erwähnt?) aus einem alten von Günzburg eingewanderten Ulmer Geschlecht, war ihm schon 1572 im Tod vorangegangen. Von ihren 11 Kindern erwähnt die Allgemeine Deutsche Biographie XI S. 243 nur den Theologen Philippus.

f. Cellii orationes funebres, Leichenpredigt von Hafenreffer, Freheri theatrum tab. 15. Sein Bild auch in Cellii imagines. Fischlin I. S. 70 ff.

Mehr Bedeutung als der oben genannte Philippus (f. Fischlin I. 133) hat für uns ein zweiter Sohn Jakob Heerbrands, Christoph, geb. 1549, 1574 Diakonus zu Nürtingen, 1576 Pfarrer zu Weilheim bei Tübingen, gest. 1609; — dessen Frau war seit 1574 Margaretha Schnepf, die Tochter von Dietrich oder Theoderich Schnepf, des Tübinger Kollegen von Jakob Heerbrand, und eine Enkelin der beiden Reformatoren Erhard Schnepf und Johannes Brenz. Wir werden auf diese zurückkommen.

Christoph Heerbrands Sohn Johann Wilhelm, geb. 1582 zu Weilheim, 1608 Diakonus zu Urach, 1614 Pfarrer zu Feuer-

bach, 1624 Dekan zu Urach, 1627 Hofprediger und Konsistorialrat zu Stuttgart, 1650 Propst zu Denkendorf, Stifter des Heerbrand'schen Stipendiums für das Stuttgarter Gymnasium (Faber a. a. O. XIX. H.), gestorben am 12. Mai 1658,
— Fischlin II 118 —
war dreimal verheiratet; zuerst 1608 mit Cordula Essich, gest. 1635, der Tochter des Universitätssyndikus M. Joh. Conrad Essich, geb. 1555, gest. 1590, und der Cordula Riepp von Tübingen, geb. 1560, gest. 1615; sodann 1637 mit Maria Welser von Augsburg, Witwe des Theol. Professors und Exjesuiten Jakob Reihing; zuletzt 1639, wovon aber Fischlin nichts zu wissen scheint, mit Anna Maria Gerlach, Witwe des Oberrats Dr. Joachim Faber.

Der Cordula Heerbrand Vater, Johann Conrad Essich, war ein Sohn des Schultheißen J. Conrad Essich zu Rutesheim, gest. 1578, und ein Enkel des schon im dritten Abschnitt erwähnten Wildbader Vogts Georg Essich, ein Bruder des Bulacher Vogts Bartholomäus (s. oben III). Die Frau des Schultheißen J. Conrad Essich war Maria Jakobine Baer, die Tochter des Caspar oder, nach anderen, Bläsi Baer von Calw und der ihm 1506 angetrauten Dorothea Braun, der Schwester des Kaplans Ludwig Braun an der St. Johannis-Pfründe in Calw, welch letzterem man die am 15. März 1496 errichtete Braun'sche Stiftung verdankt (Faber a. a. O. XVI).

Was die mütterlichen Verwandten der Cordula Heerbrand, geb. Essich, anlangt, so stammte deren Mutter Cordula von dem geistlichen Verwalter und seit 1568 Keller Rudolf Riepp zu Tübingen, welcher 1605 über 80 Jahre alt zu Lustnau gestorben ist. Derselbe hatte zur Nichte die erste Frau des Dr. juris Heinrich Bocer, dessen Name durch eine Stiftung von 1628 fortlebt (Faber a. a. O. VII §§ 4. 12. 36. 67. 120. 202. 328. 375. 492. 493).

Johann Wilhelm Heerbrand und Cordula, geb. Essich, hatten einen Sohn Christoph Heerbrand, geb. um 1609, 1635 Diakonus zu Leonberg, 1644 Pfarrer zu Großbottwar, gest. 1657, der 1636 die Katharina, Witwe des 1635 zu Cannstatt gestorbenen Diakonus Dieterle, ehelichte und durch sie der Vater jener Maria Katharina Heerbrand wurde, welche wir von 1657 als Gattin des Pfarrers Joseph Oelenheinz (1633—1694) und als Mutter der Ehefrau des Johann Konrad Raith zu Holzhausen und Affalterbach, gleichfalls Maria Katharina genannt, bereits früher kennen gelernt haben.

Wir müssen nun wieder auf die Urgroßmutter jener Maria Katharina Heerbrand zurückgehen, welche, wie schon angegeben wurde,

Margaretha Schnepf war, die Tochter von Dietrich oder Theoberich Schnepf und Enkelin der beiden Reformatoren Erhard Schnepf und Johannes Brenz.

Erhard Schnepf (Snepf) geb. 1495, 1. November, im gleichen Jahr wie Matthäus Alber, war ein Sohn des Bürgermeisters in Heilbronn, — letzterer vir consularis ex honestissima familia, mit einem Schnepfen im Wappen. Erhard studierte 1509 zu Erfurt, 1511 zu Heidelberg, predigte bereits 1520 in evangelischem Sinne zu Weinsberg und, von dort 1522 vertrieben, zu Gutenberg bei Dietrich von Gemmingen, dessen Sohn er als Pate aus der Taufe hob. 1523 war er Prediger zu Wimpfen. 1525 wollten ihn die Bauern zu ihrem Feldprediger machen und wurde er nur frei auf die Erklärung, daß er (heimlich) verheiratet sei. 1526 wurde er Prediger zu Weilburg in Nassau, 1527 Pfarrer und Professor der Theologie zu Marburg. 1530 finden wir ihn auf dem Reichstag zu Augsburg.

Im Jahr 1534 folgte er, der Lutheraner, Herzog Ulrich, nachdem dieser sein Stammland wieder erobert hatte, nach Stuttgart, zunächst als Prädikant an der dortigen Spitalkirche, bald aber als Generalsuperintendent und Landesreformator im Lande unter der Steig, bis 1538 neben Blarer, einem Zwinglianer vermittelnder Richtung, welcher das Land ob der Steig zu reformieren hatte.

Beides waren, wie G. Bossert in der Schrift „Württemberg und Janssen" 1884 S. 48 sie charakterisiert, durchaus edle, wahrhaft fromme, sittenreine Männer von gutem Ruf, reicher Begabung und gründlicher Schulung, guten Familien von städtischer Bildung entstammt, gewandt im Verkehr, klaren, einsichtigen Blicks in die Verhältnisse, rasch in der Überlegung wie im Entschluß, und thatkräftig in ihrem Handeln. Wie sollten sich aber die Vertreter zweier Richtungen, um deren Versöhnung die bedeutendsten Geister Deutschlands sich vergeblich in Schriften und Religionsgesprächen bemüht, mit einander vertragen? — Indessen es gelang doch und das Werk dieser Männer bestand wenige Jahre darauf in einer schweren Zeit, die nach dem schmalkaldischen Krieg durch das Interim über Wirtemberg kam, die Feuerprobe (Bossert a. a. O. S. 92).

Anfang 1544 wurde Erhard Schnepf, am Hofe mißliebig geworden, Doktor und Professor der Theologie zu Tübingen, in welcher

Eigenschaft er Exegese las und die Psalmen erklärte, daneben Stadtpfarrer und Superattendent des Stipendiums (seit 1548 im Augustinerkloster).

Auch Schnepf mußte aber vor dem Interim weichen. Am 11. November 1548, dem Tag der gezwungenen Wiedereinführung der Messe in Wirtemberg, hielt er seine letzte Predigt. Aus seiner Schule, so kurz er da gewesen, kamen indessen die Männer, unter welchen, fast ein Jahrhundert später, die theolog. Fakultät in Tübingen zuerst eine festere Gestalt gewann (Weizsäcker, Lehrer und Unterricht an der theol. Fakultät 1877 S. 13—15). Ein Asyl fand er bei Eberhard von Gemmingen zu Bürg. Schon 1549 erhielt er jedoch wieder eine Anstellung als Professor der Theologie zu Jena. Von dort aus zu dem Colloquium nach Worms im Jahr 1557 abgesandt, soll er gegen die wirtembergischen Theologen: Brenz, Alber, Beurlin, Jak. Andreä, ja selbst seinen Sohn Theoderich gesprochen haben. Doch nennt Stälin IV S. 573 zwar die letzteren, aber ihn nicht.

Er starb am 1. November 1558 plötzlich, nachdem zuvor auf das Betreiben des allzustrengen, unduldsamen, übereifrigen Lutheraners Flacius (Allg. Deutsche Biographie VII S. 88 ff.) seine und seines Schwagers Viktorin Strigel Vorlesungen sistiert worden waren. — In seiner theologischen Anschauung an schulmäßiges Denken gewöhnt, das auf bestimmte Lehrformeln drang, verband Schnepf mit dem Mut und der Entschiedenheit des Auftretens, wo es das Evangelium galt, die liebenswürdige Humanität des Franken. (Bossert a. a. O. S. 48).

Über Erhard Schnepf s. Fischlin I 8, Stälin IV S. 239. 241. 244. 390 ff. 401. 470, insbesondere auch J. Hartmann, Erhard Schnepf 1870.

Erhard Schnepf hatte 1525 die **Margarethe Wurzelmann** geheiratet, geb. 1503, gest. zu Tübingen und in der Georgenkirche daselbst begraben 1569, — eine Tochter des Bürgermeisters von Wimpfen und Schwester des Maternus Wurzelmann, Syndikus und Stadtschreibers zu Hall, welcher 1540 nach Gent zum Kaiser geschickt wurde, um die Belehnung der Stadt Hall mit dem erkauften Schloß Limburg zu holen. Auch hatte derselbe am 11. Februar 1541 dem Kaiser die Schlüssel der Stadt Hall bei dessen Einzug mit einer lateinischen Anrede zu überreichen, ebenso am 30. Januar 1542 dem römischen König Ferdinand I. Dieser Maternus Wurzelmann zählte zu den Freunden des Brenz und war ein tüchtiger Gehilfe bei dessen Reformationswerk.

Der Sohn des Erhard Schnepf und der Margarethe Wurzelmann, **Theoderich** oder **Dietrich Schnepf**, geb. zu Wimpfen 1. November 1525, Schüler des Markoleon, Student in Tübingen 1539, wurde 1544 Magister und 1546 **Magister domus stipendii** und Präzeptor des Griechischen, 1553 Pfarrer zu Derendingen, 1554 **Dr. Theol.**, 1555 Pfarrer und Generalsuperintendent zu Nürtingen, 1./15. Februar 1557 Professor der Theologie und des Hebräischen, auch Superattendent des Stifts, 1561 zugleich Pfarrer und Generalsuperintendent in Tübingen, wo er auch über die Pest 1566 und 1571 aushielt. Er war sechsmal Rektor. „Mit seinen beiden Kollegen Jakob Andreä und Jakob Heerbrand, denen er übrigens an Celebrität etwas nachstand, bildete Dietrich Schnepf 30 Jahre lang die streitbare Phalanx wirtembergischer Orthodoxie. Er galt zugleich nicht bloß für einen der tüchtigsten Kanzelredner, sondern auch für einen beliebten Lehrer." Freilich hat er in 30 Jahren seine ordentliche Lektion, die prophetischen Bücher nur zweimal, die Psalmen einmal gelesen, hat dann mit Hiob begonnen, ist aber nur bis zur Mitte gelangt, obgleich er damit etwas geeilt haben soll (Roth, Die Universität Tübingen im Jahr 1577, Württ. Jahrb. 1871 S. 281, 291. Weizsäcker a. a. O.). Man begegnet seinem Namen bei den Kolloquien zu Worms 1557 (Stälin IV S. 573) und zu Maulbronn 1564 (a. a. O. S. 665) und bei dem Konvent zu Naumburg 1561.

Theoderich Schnepf starb am 9. November 1586. An seinem Begräbnis in der Georgenkirche nahm die ganze Universität und Bürgerschaft teil.

In Cellii orat. funebr. 1587 ausführliche genaue Nachrichten über ihn. Sein Bild bei Cellius **imagines** und bei Freher, **theatr. t. 13.** Fischlin I 89.

s. auch Schnurrers Nachrichten von Lehrern der hebräischen Litteratur in Tübingen p. 123—131.

Theoderich Schnepfs erste Gattin war seit 2. März 1552 die älteste Tochter des Johannes Brenz, Barbara, welche 1549 im fürstlichen Frauenzimmer Aufnahme gefunden hatte. Sie starb 1572 als Wöchnerin, im 16. Kindbett, und liegt gleichfalls in der Georgenkirche begraben, wo ihr Jakob Heerbrand die Leichenrede gehalten hatte. Ein Jahr nach ihrem Tod heiratete Theoderich Schnepf die Tochter des verstorbenen Dr. Simon Engelhardt von Speier, Witwe des Albrecht Spengler, j. utr. Dr. und wirtemb. Rats.

Der ersten Gattin Schnepfs Vater aber war, wie eben erwähnt, **Johannes Brenz,** geb. am Tag Johannes des Täufers 24. Juni 1498 (nach der Deutschen Biographie und nach Hartmann; eine andere Lesart 1499) zu Weil der Stadt, wo zwei Menschenalter später, wie wir oben schon hörten, auch Johannes Kepler das Licht der Welt erblicken sollte.

Des Johannes Brenz Eltern waren Martin Brenz, welcher 24 Jahre lang als Reichsschultheiß in Weil der Stadt wirkte, noch 1531 lebte und dessen Haus in der Vorstadt noch heute steht; — und Katharina Henich (Hennig — frühere Form Heinecker). Sie bekannten sich zum Evangelium, wurden infolge dessen seit 1522 gedrückt und verfolgt, erhielten auch ihr Begräbnis nur auf dem Felde.

Im Wappen ein Adler auf einer Faust stehend, auf dem gekrönten Helm zwischen den Hörnern wieder der Vogel.

Anderen gleichzeitigen Brenz begegnet man in Calw: Sebastian, für Calw auf dem Landtag von 1516, dann 1534 abgesandt, um dem rückkehrenden Herzog Ulrich die Erbhuldigung der Stadt Calw anzubieten. 1537 wird Georg Brinß vom Gericht zu Stuttgart mit 2 anderen von Herzog Ulrich aufgefordert, auf ihren Eid je 12 bis 15 Bürger anzuzeigen, welche fromm, ehrbar, redlich zu unserer Partei gehalten und dem Evangelium geneigt, obgleich nicht fast reich, die zum Gericht und Rat in Stuttgart gebraucht werden könnten (für die neue Besetzung der Stellen). Georg Brenz, Landschreiber zu Bruchsal, verfaßt um 1502 einen Bericht über den Bundschuh in der Gegend von Bruchsal (bei Mone, Bad. Archiv II 163 ff.) Der Schwiegervater des Nikodemus Frischlin (1566 Professor der Poesie und Historie in Tübingen) war J. Brenz von Wildberg, cognatus des Joh. Brenz, des Sohnes des Landpropsts. Noch andere Brenz in Enzweihingen, 1350 auch in Augsburg (vergl. auch J. Hartmann, Denkwürdigkeiten der ehemaligen schwäbischen Reichsstadt Weil 1886 S. 15 ff.)

Johannes Brenz besuchte die Schulen zu Heidelberg und Vaihingen, inskribierte 1512 zu Heidelberg, trat dort in den Kreis von Melanchthon, Ökolampadius, Schnepf u. a., von Jünglingen, welche schon 1518 bei Luther die Hoffnung erregten, sie würden einst im Gegensatz gegen die Vorurteile der Alten die Träger der wahren Gottesfurcht werden, wurde 1518 Magister, 1519 Rektor des Kontuberniums daselbst (bursae realium regens), Lehrer der Philosophie und der Sprachen in der Bursa, hielt auch exegetische Vorlesungen, empfing die Priesterweihe zu Speyer, wurde 1520 Kanonicus an der Heiligengeistkirche zu Heidelberg. Aber schon 1521 traf seine Vorlesungen das Verbot wegen seiner Hinneigung zu Luther. 1522 als Prediger an die St. Michaelskirche zu Hall berufen, reformierte er die Reichsstadt. 1525 bekämpfte er die 12 Artikel der Bauern im Bauernkrieg mit Entschiedenheit, aber auch die Versäumnisse der Obrigkeit und veröffentlichte gegen Ökolampad sein Syngramma suevicum, 1526 seine Kirchenordnung. Brenz war, wie Luther, überzeugt, daß von der katholischen Kirchenlehre über das Abendmahl vornehmlich die Transsubstantiation auszuscheiden, dagegen die wirkliche Gegenwart Christi im Sakrament festzuhalten sei. 1529 nahm er Teil an dem colloquium zu Marburg, 1530 begleitete er den Markgrafen Georg von Brandenburg-Ansbach zum Reichstag in Augsburg, wo er nächst Melanchthon der bedeutendste unter der anwesenden evangelischen Theologen war. Ende 1530 verheiratete er sich mit Margarethe Gräter. Vom Dezember 1536 bis April 1538 wirkte Brenz als Kommissär des Herzogs Ulrich von Wirtemberg für die Reformation der Universität Tübingen, wo er Vorlesungen und Predigten hielt. Er nahm teil an den Religionsgesprächen zu Hagenau und Worms (1540) und zu Regensburg (1541 und 1546). Ende 1546 oder Anfang 1547 mußte er vor den einziehenden Spaniern aus Hall fliehen, und kaum zurückgekehrt, abermals die Frau und 6 Kinder zurücklassen, weil Granvella ihn hängen lassen wollte. Jetzt mußte ihn auch Hall entlassen, seine Frau starb darüber; er verbarg sich an verschiedenen Orten, so auch in Stuttgart auf dem Dachboden des Landhauses hinter einem Holzstoß, genährt allein von dem mitgebrachten Brot und den Eiern, welche eine Henne jeden Tag in seiner Nähe legte. Nun schickte ihn Herzog Ulrich als Vogt, „Obervogt auf dem Schwarzwald", unter dem Namen Huldreich Angster¹) nach dem abgelegenen Hornberg (Dienerbuch S. 457).

Herzog Christoph, kaum zur Regierung gelangt, zog Brenz 1550 als vertrauten Rat in seine Nähe. 1551 erschien der von ihm schon früher verfaßte Katechismus zuerst lateinisch, 1552 auch deutsch. Im ersten Jahr bearbeitete Brenz auch die wirtembergische Konfession, welche, durch eine Synode zu Stuttgart bestätigt, von ihm selbst dem Trienter Konzil vorgelegt werden sollte, wo er aber nicht vorgelassen wurde. „1553 zum Propst der Stiftskirche ernannt, begann Brenz seine das gesamte Kirchenwesen, die Ehe-, Armen-, Visitations-, Kloster- und Schulordnung umfassende leitende Thätigkeit" — gubernator ecclesiae, rector ecclesiae in his terris nannte ihn Heerbrand; — „die große wirtembergische Kirchenordnung von 1559 wurde das Muster für viele andere deutschevangelische Kirchen. Während Brenz dem Gottesdienst die seit Blarers Wirken herrschend gewordene mehr reformierte als lutherische Einfachheit erhielt, folgte er in der Kirchenverfassung, mit Beseitigung aller eigentlich synodalen Elemente, Luthers Grundsatz: dem evangelischen Landesherren das Regiment der Kirche anzuvertrauen, der durch sein Organ, das Konsistorium, den Propst und Landhofmeister an der Spitze, und aus einer geistlichen und weltlichen Abteilung bestehend, die Kirche beaufsichtigte und leitete, jenes wesentlich durch Zuziehung der Generalsuperintendenten, die mit der Kirchenbehörde den Synodus bildeten. Ganz besonders ließ sich Brenz die Klosterschulen (Seminare) angelegen sein; es war wesentlich sein Verdienst, diese für die wirtemb. Kirche so wichtigen Bildungsanstalten ins Leben gerufen und zweckmäßig eingerichtet zu haben." „Seine Dienste und Ratschläge wurden von einer großen Zahl Fürsten und Städte gesucht und anerkannt", so 1556 von Herzog Wilhelm von Jülich-Cleve (Stälin IV S. 647). „Am wenigsten Dank erntete er für seine und Herzog Christophs Bemühungen um Duldung des evangelischen Bekenntnisses in Frankreich" (Zusammenkunft mit dem Kardinal von Guise in Zabern 1562). „Nicht viel besser wurde ihm von den zeitgenössischen Polemikern

---

¹) Huldreich ist die Verdeutschung von Johannes, Angster oder Engster, abgeleitet aus ἐγκαυστος = gebranntes, = brennt's.

über die Abendmahls- und Rechtfertigungslehre innerhalb der evangelischen Kirche selbst gelohnt." Er war Dirigent bei dem Colloquium zu Worms 1557 und bei dem zu Maulbronn 1564 gleichfalls beteiligt. „Anerkannte Verdienste erwarb sich Brenz als Prediger und Erklärer der meisten biblischen Bücher; Luther selbst gab ihm das Zeugnis: keiner der Theologen habe die heilige Schrift so trefflich ausgelegt als Brentius, also daß er sich oft verwundere über seinen Geist. Mit Recht kann man Brenz in die Mitte zwischen Luther und Melanchthon stellen, indem er mit jenem den praktischen Sinn und thatkräftigen Mut, mit diesem den sanfteren Geist und die feinere wissenschaftliche Bildung teilte". Luther selbst verglich den Brenz mit einem sanften erfrischenden Säuseln, während er selbst als ein zerschmetternder Sturmwind zu brausen bestimmt sei. Schnurrer nennt den Johann Brenz den größten Theologen nächst Luther. Stälin in Band IV seiner Wirtemb. Geschichte sagt von ihm S. 657, in seiner Persönlichkeit habe sich der spekulative Zug und die eiserne Festigkeit der schwäbischen Sinnesart gepaart.

Brenz besaß ein Landgut, den Brenzenhof bei Bulach, welches er von Herzog Christoph um 350 Gulden zu Lehen erhalten hatte und wo er jedes Jahr im Sommer einige Zeit mit Kindern und Enkeln zubrachte. „Bis in sein Greisenalter entwickelte er, von außergewöhnlicher Geistes- und Körperkraft unterstützt, eine staunenswerte Thätigkeit. Durch den Tod seines geliebten Landesherrn, 28. Dezember 1568, stark angegriffen, wurde er Ende des Jahres 1569 vom Schlag gerührt und starb 11. September 1570. Seinem Wunsch gemäß ward er in der Nähe der Kanzel der Stiftskirche beigesetzt, damit er, wenn später einer eine abweichende Lehre verkündige, sein Haupt vom Grabe erheben und ihm zurufen könne: Du lügst!" Später hat man seine Gebeine in die Sakristei verbracht.

Heerbrand, orat. funebr.; W. Bidembach, Leichenpredigten, Schnurrer orat. academ. Pfister, Herzog Christoph S. 286 ff. Pfaff, Wirtemb. Plutarch.
Jäger und Hartmann, Joh. Brenz 2 Bände, Hamburg 1840—42. Hartmann, Joh. Brenz, Elberfeld 1862 und, was oben mehrfach auszüglich angeführt wurde, in der Allg. Deutschen Biographie III S. 314.
Stälin, Wirtemb. Geschichte IV an vielen Stellen.

Das Bildnis des Joh. Brenz bei Freber theatr. tab. 10.
Seine erste Frau war, wie erwähnt, Margaretha Gräter, die Witwe des Rats Wetzel zu Hall; die Gräter und Wetzel angesehene Geschlechter, wenn sie auch nur zu den „niederen", d. i. zu der Gemeinde, gezählt wurden. Von ihr hatte Brenz 6 Kinder. 1550 heiratete er zum zweitenmal und zwar Katharina, die Tochter seines Haller Kollegen und Freunds Dr. Isenmann, welche ihm noch weitere 12 Kinder schenkte.

Eine Tochter der zweiten Ehe Agathe, zuerst mit Diakonus Spindler, dann mit dem späteren Universitätskanzler Matthias Hafenreffer verheiratet, wurde nach Hartmann 1862 S. 308 die Stammmutter verschiedener in Württemberg noch blühenden Familien, der Bengel, Camerer, Georgii, Schmiblin, Weiſſer u. a.

Der Mannsstamm starb schon mit dem Enkel Johann Hippolytus, zuletzt Konsistorialrat in Anspach, aus, dem Sohne des jüngeren Johannes, der schon mit 23 Jahren außerordentlicher Professor der Theologie zu Tübingen war, auf die Beförderung zum Ordinarius aber längere Zeit (28 Jahre) hatte warten müssen (Weizsäcker a. a. O. S. 129. 36. 40).

Wie der jüngere Johannes, so stammten aus der ersten Ehe des Reformators auch die beiden Schwestern Sophie, Gattin des Dr. Eberhard Bidembach, zuletzt Propsts von Bebenhausen, und Barbara, die Gattin des Dietrich Schnepf.

Diese Barbara Schnepf, geb. Brenz, gest. 1572, aber war, wie wir gesehen, die Mutter der Margaretha Schnepf, welche 1574 den Christoph Heerbrand, gest. 1609 als Pfarrer zu Weilheim, heiratete.

Die Urenkelin des letztgenannten Ehepaars Maria Margaretha Heerbrand wurde 1657 die Gattin des Pfarrers Joseph Oelenheinz, gest. 1694 als Pfarrer zu Weil im Schönbuch.

Fünf Jahre nach des Vaters Tod, 1699, heiratete die Tochter beider, Maria Katharina, den Pfarrer Johann Konrad Raith, gest. 1738 zu Affalterbach.

Sie wurden die Eltern der Christine Katharina, welche, 1704 geboren, den Pfarrer Friedrich Jakob Märklin in Unterreichenbach und später in Altburg heiratete.

Und der letztere war endlich der Großvater der Mutter von Karl Friedrich Haug, von welchem wir ausgegangen und zu welchem wir damit wieder zurückgekehrt sind.

So am Schluſſe unſerer Wanderungen durch zahlreiche Geſchlechter und durch viele Jahrhunderte angelangt, blicken wir, bevor wir von den Ahnen ſcheiden, doch wohl noch einmal rückwärts.

Haben wir bei den Haugſchen Stammvätern und dann auch bei den Rapp und Prinz nur erſt kürzere Generationenfolgen und innerhalb derſelben keine Beſtändigkeit in der Wahl des Berufs finden können, ſo trafen wir es in dieſer Beziehung ganz anders, wie bei den Märklin, von denen faſt 2½ Jahrhunderte lang ununterbrochen jeder Stammhalter eine Kirchenſtelle bekleidet hat, ſo jetzt auch bei den Familien Raith, von 1638 bis 1738, Zeller, von 1571 bis 1694, Oelenheinz, von 1534 bis 1694, endlich bei den Schwarz, von welchen drei Generationen nach einander 92 Jahre lang eine und dieſelbe Pfarrei Altdorf Oberamts Böblingen innehatten.

Die Raithſchen Voreltern und die mit ihnen zuſammenhängenden Verwandten und Seitenverwandten hatten überhaupt einen vorwiegend theologiſchen Charakter.

Zwar fehlte es darunter auch an Vertretern anderer Berufsſtände nicht.

Wir begegneten mehreren Juriſten, ſo einigen Rümelin, dem Dr. jur. und Profeſſor Braſtberger, einem Dr. Epp, vor allem dem Stammvater der berühmten Juriſtenfamilie Harpprecht (1560 bis 1639).

Mehrere Doktoren der Medizin lernten wir in der Familie Mögling kennen, insbeſondere den Profeſſor Wilhelm Mögling (1526—1565).

Zwei Zeller gehörten zum Baufach, mehrere Lohet zeichneten ſich auf der Orgel aus, die Taur von Augsburg waren Bildhauer, der Stadtſchreiber Kyrſemann von Calw läßt 1502 ein Paſſionsſpiel aufführen.

Kammermeiſter in Wirtemberg während der öſterreichiſchen Herrſchaft war 1521 ein Seitenverwandter, Ulrich Winzelhäuſer, herzoglicher Kanzler Johann Brastberger (geb. 1535, gest. 1581). Als weitere Seitenverwandte wurden genannt der Kirchenratsdirektor Enzlin und sein unter Herzog Friedrich I. einflußreichster, unter dessen Nachfolger peinlich prozessierter Sohn, der Geheime Rat gleichen Namens (gest. 1613), auch der gute Geheime Rat Zeller (gest. 1670).

In städtischen Ämtern sehen wir sich hervorthun den Ulrich Brastberger von Urach, der auch den Blaubeurer Vertrag von 1516 unterschrieben hat, ebenso wie Sebastian Brenz von Calw, — ferner den Maternus Wurzelmann zu Hall (1540).

Im landständischen Ausschuß saß Jahrzehnte lang der Bebenhäuser Abt Johann Konrad Zeller.

Bei der Absetzung Herzog Eberhards II. wirkte mit der Schultheiß Epp von Nagold, bei der Rückberufung Herzog Ulrichs Brastberger und Brenz.

Treue hielten dem verbannten Herzog der Soldat Entringer auf Hohentwiel und der Weingärtner Fritzinger zu Tübingen. Aber auch auf ein weiteres Opfer seiner Rache kamen wir zu reden, Konrad Breuning von Tübingen, den Schicksalsgenossen des früher schon genannten Vaut von Cannstatt.

Der eigentliche Grundton dieser Familiengeschichten wurde jedoch in dem vorliegenden letzten Teile immer mehr ein theologischer, denn mit jedem Schritt wurden wir zuletzt tiefer in die große Reformationszeit eingeführt und mit einem weiteren der geistigen Vorkämpfer für die Sache der Reformation näher bekannt.

Wohl war nebenbei der Brüder Entringer zu gedenken, welche trotz ihrer für den neuen Glauben hervorragend thätigen Schwäger bei der katholischen Kirche verblieben, sowie des Erzbischofs Matthäus Lang, einer starken Stütze des Papsttums, gleich dem früher schon genannten Johann Sebastian Fickler.

Das Hauptinteresse aber durfte den wirtembergischen Reformatoren und den an dieselben sich anschließenden großen Theologen des evangelischen Bekenntnisses sich zuwenden; denn wirklich als Stammväter oder als nächste Angehörige von solchen sind für die Familie Haug jetzt nachgewiesen:

Erhard Schnepf, geb. 1495, gest. 1558, der Landesreformator Wirtembergs im Lande unter der Steig,

Matthäus Alber, geb. 1495, gest. 1570, der Reformator Reutlingens, genannt der schwäbische Luther,

Johannes Brenz, geb. 1498, gest. 1570, nächst Luther der bedeutendste der Reformatoren, der Berater Herzog Christophs, **gubernator ecclesiae**,

Jakob Beurlin, geb. 1520, gest. 1561, der **cancellarius posthumus**,

Jakob Heerbrand, geb. 1521, gest. 1600, der Reformator Badens und Verfasser des **compendium theologiae**,

Theoderich Schnepf, geb. 1525, gest. 1586, der Tübinger Theologe,

Jakob Andreä, geb. 1528, gest. 1590, der Vater der Konkordienformel,

Johann Valentin Andreä, geb. 1586, gest. 1654, des vorstehenden Enkel, der Vater der Kirchenkonvente,

Balthasar Raith, geb. 1616, gest. 1683, gleichfalls noch ein angesehener Tübinger Theologe.

Damit sei die Veröffentlichung aus den hinterlassenen Familienpapieren von Karl Friedrich Haug beendet!

Anhang.

Stammtafeln.

Zu I und II.
Stammtafeln der Familien Haug, Sommerell und Märklin.

- **Karl Friedrich Haug**, geb. 1795 gest. 1869, Professor in Tübingen
  - **Johann Friedrich Gottlob Haug**, geb. 1769 gest. 1856, Professor in Stuttgart
    - **Juliane Luise Märklin**, geb. 1774 gest. 1823, Erste Gattin von J. Fr. G. Haug
    - **Charlotte Sommerell**, geb. 1734 gest. 1816, Zweite Gattin von J. Fr. G. Haug
      - **Johann Friedrich Sommerell**, geb. 1680 gest. 1776, Kammermusikus in Stuttgart
    - **Jakob Haug** in Tegernau geb. 1730 und **Katharina Barbara Bidel**

- **August Ludwig Haug**, geb. 1799 gest. 1854, Kaufmann zu Amsterdam
  - **Luise Mathilde Haug**, geb. 1801 gest. 1855, Frau Kameralverwalter Keller
  - **Wilhelmine Jakobine Märklin**, geb. 1778 gest. 1852, Zweite Gattin von J. Fr. G. Haug
    - **Johann Friedrich Märklin**, geb. 1734 gest. 1804, Propst zu Denkendorf
      - **Friedrich Jakob Märklin**, geb. 1697 gest. 1753, Pfarrer in Reichenbach und Altburg

- **Gustav Ferdinand Haug**, geb. 1807 gest. 1864, Dekan in Leonberg
  - **Johanne Christiane Friederike Haug**, geb. 1817
  - **Jakob Friedrich Märklin**, geb. 1771 gest. 1841, Prälat in Heilbronn, Vater von Christian Märklin
  - **Konr. Friedr. Märklin**, geb. 1736 gest. 1802, Stabsteller auf Hohentwiel
  - **Friedrich August Märklin**, geb. 1739 gest. 1800, Rechenbankrat in Stuttgart
    - **Christine Katharine Raith**, geb. 1704 gest. 1802, Gattin des Fr. Jak. Märklin
  - **Friederike Rapp**, geb. 1743 gest. 1804, Gattin von Fr. A. Märklin
    - **Johann David Rapp**, geb. 1718 gest. 1789, Stabsamtmann zu Stetten und Elisabeth **Rosine Prinz**

Johann Ezechiel Kommerell geb. 1618 gest. 1685 Physikus und Besitzer von Reuthin	Anna Lehrer geb. 1620 gest. 1680 Erste Gattin von J. E. Kommerell	Friedrich Jakob Wärtlin geb. 1637 gest. 1700 Pfarrer in Neckargröningen und Obereßlingen	und Anna Maria Eisenschmied
Friedrich Burkhard Kommerell geb. 1580 gest. 1638 Weißgerber in Lübingen	Franz Lehrer geb. 1575 gest. 1623 Müller in Herrenberg	Melchior (Martin) Wärtlin geb. 1612 gest. 1673 Pfarrer in Rellingen	und Anna Maria Bräuntlin von Schorndorf
Anastasius Kommerell geb. 1550 gest. 1611 Pfarrer in Kirchentellinsfurt und Kilchberg	Bernhard Lehrer geb. 1542 gest. 1601	Markus Wärtlin geb. 1577 gest. 1617 Spezial in Balingen	und Anna Barbara Hägelin von Königsbronn
Jodan Kummerell Bäcker u. Ratsverwandter zu Lübingen geb. 1504 gest. 1594	Johannes Lehrer Marpenbrief von 1571	Marr Wärtlin Egidius Wärtlin von Grdmannhausen. Drei Claus Wärtlin. Der älteste Claus 1450 zugleich Stammvater von	Johannes Kepler geb. 1571 gest. 1630

Zu III.

Stammtafeln der Familien Wagner, Nicolai, Sattler, Gaisberger, Hermann u. a.
(Haug=Märklin=Rapp).

Karl Friedrich Haug, geb. 1795, gest. 1869; Professor in Tübingen.
Juliane Luise Märklin, geb. 1774, gest. 1823; Gattin des Professors Joh. Friedrich Gottlob Haug in Stuttgart, geb. 1769, gest. 1830.
Friederike Rapp, geb. 1743, gest. 1804; Gattin von Friedrich August Märklin, geb. 1739, gest. 1800, Rechenbankrat in Stuttgart.
Elisabeth Rosine Prinz, geb. 1721, gest. 1801; Gattin des Stabsamtmanns Johann David Rapp zu Stetten im Remstal, geb. 1718, gest. 1789.
Maria Elisabeth Wagner, geb. 1697; Gattin von Philipp Friedrich Prinz, geb. 1681, gest. 1762, Hoffourier in Stuttgart.
Christoph Wagner, Stabs- und Amtssubstitut, geb. 1665, gest. 1735, und Maria Kreuser von Kirchheim.

Georg Konrad Wagner, Pfarrer, geb. 1634, gest. 1696	und	Elisabeth Hermann von Kirchheim
Anna Katharina und Tobias Wagner		Christoph Hermann und Margaretha Kreuser
Nicolai geb. 1598 gest. 1680		geb. 1600 gest. 1635 geb. 1605 gest. 1635
geb. 1604 gest. 1670 Propst u. Univers.-Kanzler		Kaufmann in Kirchheim
Melchior Nicolai		Christoph Hermann Johannes Kreuser
geb. 1578 gest. 1659		geb. 1567 gest. 1608 Bürgermeister zu Kirchheim
Landpropst		Pfarrer zu Heimerdingen und Barbara Heßtlin
Ursula Sattler und Melchior Nicolai		Christoph Hermann
von Schorndorf		geb. 1543 gest. ?
(um 1600)		berühmter Theologe
Johann Mich. Sattler und Anna Weßger		Martin Hermann Martin Heßtlin
geb. 1520 gest. 1575		Kaufmann zu Kirchheim 1516 und 1534
Stadtschreiber und Notar			

			Mathes Hermann Bürgermeister zu Kirchheim 1516
	Melchior Wezger genannt Calwer Bürgermeister zu Tübingen gest. 1563	Margarethe Hirschmann von Schorndorf	
			Jakob Walther genannt Kübern gest. 1503 und Klara Mager gest. 1525
Johann Sattler Vogt und Kammerrat geb. 1491 gest. 1562			Nitolaus Walther genannt Kübern 1447 und 1476
Johann Sattler Vogt zu Urach 1500	Barbara Gaisbergerin gest. 1512	Rubernin	
Johann Sattler b. Ält. Vogt zu Urach geb. 1508 vermählt mit Marg. Schöniugler	Hans Gaisberger Vogt zu Stuttgart bis 1515		
Ulrich Sattler zu Waiblingen 1436	Hans Gaisberger Vogt zu Schorndorf (lebte 1479)		
Agnes Sattler Priorin des Frauenklosters zu Kirchheim 1442—1450	Heinrich Gaisberg Vogt zu Schorndorf gest. 1479		
	Hans Gaisberg Vogt zu Schorndorf gest. 1465		
	Friz Gaisberger Vogt zu Schorndorf (1392) lebte noch 1426		

Zu III und IV.

Stammtafeln der Familien Rapp und Raith
(Haug=Märklin).

Karl Friedrich Haug
geb. 1795 gest. 1869
Professor in Tübingen

Juliane Luise Märklin
geb. 1774 gest. 1823
Gattin von

Johann Friedrich Gottlieb Haug, Professor in Stuttgart

Friedrich August Märklin
geb. 1739 gest. 1800
Rechenbankrat in Stuttgart

und

Friederike Rapp
geb. 1743 gest. 1804

Friedrich Jakob Märklin
geb. 1697 gest. 1753
Pfarrer in Reißenbach und Altburg

und

Christine Katharine Raith
geb. 1704 gest. 1783

Elisabeth Rosine Prinz
geb. 1721 gest. 1801

und

Johann David Rapp
geb. 1718 gest. 1789
Stabsamtmann zu Stetten

Maria Kath. Oelenheinz

und

Johann Conrad Raith
geb. 1672 gest. 1738
Pfarrer zu Holzhausen, Weiler und Mhalterbach

Philipp Friedrich Prinz
geb. 1681 gest. 1762
Hoffourier

und

Maria Elisabeth Wagner
geb. 1697

— 103 —

Maria Kath. Beller geb. 1630 gest. 1710 — und — Georg Balthasar Raith geb. 1645 gest. 1723 Dekan zu Brackenheim — Karl Friedrich Le Prinz von Courtenbusch gest. 1689 — Christoph Wagner geb. 1665 gest. 1735 Rats- und Amtssubstitut in Kirchheim verheiratet mit Anna Maria Kreuser von dort

Maria Marg. Rümelin von Tübingen geb. 1616 gest. 1663 — und — Balthasar Raith geb. 1616 gest. 1683 Professor der Theologie in Tübingen — Georg Conrad Wagner geb. 1634 gest. 1696 Pfarrer — und — Elisabeth Hermann von Kirchheim

Ursula Geringer von Schorndorf — und — Elias Raith gest. vor 1641 — Tobias Wagner geb. 1598 gest. 1680 Propst und Kanzler zu Tübingen — und — Anna Katharina Nicolai geb. 1604 gest. 1670 von Tübingen

Georg Wagner Kupferschmied zu Heidenheim — und — Maria Reutter von Ulm — Melchior Nicolai geb. 1578 gest. 1659 Professor der Theologie und Landpropst

Tobias Wagner Kupferschmied zu Nördlingen noch 1607—1611 — Melchior Nicolai von Gmünd und Ursula Sattler von Schorndorf

Zu IV.

Stammtafeln der Familien Rümelin, Zeller und Oelenheinz
(Haug=Märklin=Raith).

Karl Friedrich Haug, geb. 1795, gest. 1869, Professor in Tübingen.

Juliane Luise Märklin, geb. 1774, gest. 1823; Gattin von Joh. Friedrich Gottlob Haug, Professor in Stuttgart.

Friedrich August Märklin, geb. 1739, gest. 1800, Rechenbaurat in Stuttgart.

Christine Katharina Raith, geb. 1704, gest. 1783; Gattin von Friedrich Jakob Märklin, Pfarrer in Reichenbach u. Altburg.

Johann Konrad Raith, geb. 1672, gest. 1738, Pfarrer zu Rhialterbach, und 1699 Maria Katharina Oelenheinz

Georg Balthasar Raith, geb. 1645, gest. 1723, und 1669 Maria Katharina Zeller geb. 1650 gest. 1710 | Joseph Oelenheinz geb. 1633 gest. 1694 u. Maria Katharina Heerbrand

Balthasar Raith, geb. 1616 gest. 1683, Professor der Theologie | und 1641 Maria Marg. Rümelin geb. 1616 gest. 1662 | Johann Konrad Zeller geb. 1603 gest. 1683 Abt zu Bebenhausen | und 1642 Judith Schwarz geb. 1612 gest. 1677 | Joseph Oelenheinz geb. 1607 Pfarrer zu Neckarhausen und Maria Lohet

Johann Martin Rümelin geb. 1587 gest. 1626 Universitätsbibliothekar | und Maria Harpprecht geb. 1599 gest. 1626 | Johann Zeller geb. 1575 gest. 1635 Pfarrer in Bethfelden und 1600 Beatrix Bloß geb. 1580 | Jeremias Schwarz geb. 1583 gest. 1643 Pfarrer zu Altdorf und Katharina Mößling geb. 1589 | Joseph Oelenheinz Stadtpfarrer zu Waldenbuch und Nürtingen gest. 1635

			1563–1595 Stadtpfarrer zu Böblingen
			M. Balthasar Eisenhein geb. 1579 erster evangelischer Abt zu Alpirsbach
		Abt zu Königsbronn geb. 1553 gest. 1602 u. Brigitta Aulber geb. 1538 Enkelin des Reutlinger Reformators Matthäus Aulber	
		Wilhelm Mögling Professor der Medizin geb. 1526 gest. 1565 und Martha Kyrsemann von Weil b. St. gest. 1556	
	Johann Heller geb. 1548 gest. 1613 Pfarrer in Rothfelden und (1578) Walburga Haag	Johann Mögling Bürger und Bäcker zu Tübingen geb. 1495 gest. 1555 und Scholastika Grißinger geb. 1503 gest. 1583	
	Johann Heller Baumeister in Tuttlingen um 1548	Johann Mögling in Urach und Barbara Braßberger	
Johann Harpprecht Dr. u. Prof. juris geb. 1560 gest. 1639 und Maria Andreä		Johann Mögling genannt Heidenmann und Agnes Strylin	
Jakob Andreä Kanzler und Propst zu Tübingen geb. 1528 gest. 1590 und Anna Entringerin	Konrad Heller Steinmetz von Martinszell und Else Pelcher (1500)	Wilhelm Mögling Bürger zu Urach	
Jakob Endriß gest. 1566 und Anna, geb. Weißdorf eine Schmieds-Witwe			

Martin Mümelin geb. 1597 Hofgerichtsadvokat in Tübingen und Margaretha Epp

Dr. Johann Epp geb. 1561 Hofgerichtsadvokat und Anna Braßberger (noch 1574)

Ulrich Braßberger Bürgermeister zu Urach (1516 u. 1554)

Ulrich Braßberger Justitiar zu Urach geb. um 1475

Zu IV.

Stammtafeln der Familien Lohet und Heerbrand
(Haug=Märklin=Raith=Delenheinz).

Karl Friedrich Haug, geb. 1795, gest. 1869, Professor in Tübingen.
Juliane Luise Märklin, geb. 1774, gest. 1823; Gattin von Johann Friedrich Gottlob Haug, Professor in Stuttgart.
Friedrich August Märklin, geb. 1789, gest. 1800, Rechenkanzlerat in Stuttgart.
Christine Katharine Raith, geb. 1704, gest. 1783; Gattin von Friedrich Jakob Märklin, Pfarrer in Reichenbach u. Altburg.
Maria Katharina Delenheinz, 1699; Gattin von Johann Konrad Raith, geb. 1672, gest. 1738, Pfarrer zu Aichelberbach.

Joseph Delenheinz und 1657 Maria Katharina Heerbrand
geb. 1633 gest. 1694
1657 Diakonus zu Güglingen
1693 Pfarrer
zu Weil im Schönbuch

Joseph Delenheinz und 1633 Maria Lohet   Christoph Heerbrand und 1636 Katharina
geb. 1607 gest. 1635(?)   geb. 1609 gest. 1657   Witwe des
Pfarrer   Pfarrer zu Großbottwar   Diakonus Dieterle
zu Neckarhausen   von Cannstatt

Johann Lohet und 1612 Anna Marg. Faber   Johann Wilhelm und 1608 Cordula Essich
geb. 1589 gest. 1637   Heerbrand   Urenkelin von
Diakonus zu Beilstein   geb. 1562 gest. 1638   Georg Essich
Pfarrer   Propst zu Denkendorf   (Generation 11)
zu Neuhausen a. E.

Eine Genealogie-Tafel mit folgenden Personen:

- Simon Leher geb. 1612 Stiftsorganist in Stuttgart
- Alexander Faber geb. 1598 Hofgerichtsassessor und (1587) Margaretha Essich geb. 1568
- M. Jakob Fabri 1563—66 Präzeptor zu Bietigheim
- Bartholomäus Essich geb. 1584 Vogt zu Bulach und Sabina Hautt
- Georg Essich Vogt zu Wildbad
- Konrad Hautt Vogt zu Cannstatt geb. 1516
- Johann Hautt genannt zum Stod Schultheiß zu Zuffenhausen
- Matthäus oder Sebastian Essich 1502 aus Oberthöngach

- Christoph Heerbrand geb. 1549 gest. 1609 Pfarrer zu Weilheim
- Theoderich Schnepf geb. 1525 gest. 1586 Generalsuperintendent in Tübingen und 1552 Barbara Brenz gest. 1572
- Jakob Heerbrand geb. 1521 gest. 1600 Propst und Universitätskanzler
- Erhard Schnepf geb. 1495 gest. 1558 und (1525) Margaretha Wurzelmann
- Johannes Brenz geb. 1498 gest. 1570 und (1530) Margaretha Gräter
- Bürgermeister Schnepf in Heilbronn lebte noch 1532
- Martin Brenz Schultheiß zu Weil der Stadt lebte noch 1531

Personen-Register.

A.
Alba, Herzog 64.
Alber 3. 30. 77. 78. 79. 80. 86. 87. 96.
Alexander VI. Papst 42.
Andreä 3. 29. 32. 33. 42. 54. 62. 63. 64 f. 69. 71. 83. 84. 87. 88. 96.
Augster 91.
Aukelin 32.

B.
Baden-Durlach, Markgraf Karl 83.
Balbeck 48.
Baer, Beer 52. 85.
Barbili 34.
Barth 63.
Bayern,
   Herzog Ludwig der Reiche 37.
   Kurfürst Maximilian I. 25.
Bawr 78.
Bengel 33. 79. 93.
Besserer 73.
Beurlin 32. 65. 79. 83. 87. 96.
Bickel 9.
Bidembach 68. 93.
Binder 53. 54. 57.
Birer 75.
Blarer 86. 91.
Bloß 72.
Bocer 85.
Bossert 19.
Brandel 28.
Brandenburg, Markgraf Albrecht Alcibiades 83.
Brastberger 52. 62. 75. 94. 95.
Braun 85.
Bräunlin 31.
Braunschweig, Herzog August 70.
Brenz 3. 64. 65. 82. 83. 84. 86. 87. 88. 89 ff. 95. 96.
Brenning 42. 50. 77. 95.
Buchwald 18.
Bugenhagen 82.
Burk 34.
Butzmann 30.

C und K.
Calvin 69.
Calwer (Kalber) 52. 53. 56. 57.
Camerer 93.
Caustetter 12.
Karl V. Deutscher Kaiser 29. 80.
Keller 60.
Kemmler 81.
Kepler 25. 26. 27. 32. 37. 41. 42. 55. 89.
Kieulin 11.
Claus, Klaus 13. 14.
Knäpplin 30.
Kolb 82.
Commerell, Kommerell 10—14.
Conradi 19.
Copernikus 27.
Courtenbuch 40. 41.
Kreuser 44. 55. 57.
Kuhorn 29. 49. 50. 55. 56.
Kyrsemann (Kirschmann) 76. 77. 94.

D.
Daur 72. 73. 94.
Degen 49.
Deiz 45.
Demmler 28. 29. 33. 37. 63.
Dietelbach 40.
Dieudonné 15.

Dillen 32.
Tinkler 30.

E.
Ebinger 53.
Ehinger 73.
Eisengrein 73.
Eisenschmied 32.
Entringer 68. 69. 95.
Enzlin 12. 79. 95.
Epp 61. 62. 94. 95.
Essich 42. 43. 55. 74. 82. 85.

F und V.
Faber 21. 64. 81. 85.
Vannius (Wanner) 83.
Varnbüler 28. 84.
Faulhaber 34.
Fautt, Vautt 42. 50. 57. 95.
Vesenbeck 33. 37. 67.
Feßler 52. 62.
Vetscher 61.
Feuerlein 20
Fickler 24. 25. 37. 95.
Fischer, Vischer 43. 47.
Flacius 87.
Volland 42. 52.
Volmar 47.
Vollmer 11.
Frieblieb 30.
Friedrich III., Deutscher Kaiser 47. 80.
Frisch 13.
Frischlin 81. 89.
Fritzinger 76. 95.
Frundsberg 14.
Fürderer 29. 50. 56.

G.
Gaisberger, Gaisberg 47. 48. 49. 50. 51. 55. 56. 57.
Galilei 26.
Geiger 40.
von Gemmingen 86. 87.
Georgii 93.
Geringer 59.
Gerlach 85.
Glockengießer 33.
Göbel 31. 32.
Göring 31.
Gottlieb 38.
Gräter 90. 93.
Gremp 51.
Groß 40.
Grüb 45.
Grückler 74.
Grüninger 13.
Guise 65.
Guldenmann 26. 41.
Gültlingen 41.
Gustav Adolf, König von Schweden 32.

H.
Haag 71.
Hafenreffer 93.
Hägelin 30. 31. 37. 77. 80.
Hahn 10. 17.
Haib 33.
Harpprecht 28. 61. 62. 63. 71. 94.
Hauber 74.
Hauenberger 53.
Haug, Balthasar 8. 10. 16.
 Christlieb 9.
 Ferdinand 21.
 Friedrich, der Epigrammatiker 8.
 Friedrich, Pfarrer 21.
 Gustav 21.
 Gustav Ferdinand 4. 20. 21. 35.
 Jakob, Schullehrer 8. 9. 15. 21. 94.
 Jakob II. 9.
 Johann Friedrich 9 ff. 15. 16. 21. 36. 94.
 Johann Friedrich Gottlob 16 ff. 21. 94.
 Karl 5. 20.
 Karl Friedrich 3. 4. 5. 10. 12. 18 ff. 21. 23. 39. 58. 93. 96.
 Ludwig 21.
 Martin 8.
 Theodor Christoph 15.

 Charlotte, geb. Faber 21.
 Charlotte Katharina Sibonie, geb. Kommerell 10. 15.
 Christiane (Nanette) 15.
 Christine Dorothea, geb. Herbtle 10.
 Johanne Charlotte, geb. Reuß 19.
 Juliane Luise, geb. Märlin 18. 23. 36.
 Katharina Barbara, geb. Bickel 9.
 Theophanie, geb. Conrabi 19.
 Wilhelmine Jakobine, geb. Märlin 18. 23. 36.
Haugin, Magdalena, verehelichte Moser 72.
Hebel 7.
Hechtlin 55. 57.
Heerbrand 3. 67. 82 ff. 88. 91. 96.
Hegel 16.
Helgelin 17.
Heiland 43. 56.
Henneberg 31. 32.
Henich 89.

Hermann 11. 44. 53 ff. 57.
Herter 24.
Heselin 68.
Heyd 35. 43. 56.
Hiller 15. 23. 34.
Hirschmann 53. 57.
Hoffmann 85.
Höschlin 76.
Huber 13.
Hug 8.
Hugo 5.
Hunn, Hunnius 28.
Hutten 49. 56. 81.

J.

Jäger 68.
Jörger 74.
Imhof 74.
Irenikus (Friedlieb) 30.
Isenmann 93.

K. (siehe C.)

L.

Lang 79. 80. 96.
Lansius 63.
Lascher (Loscher) 71.
Leyrer 12. 14. 15.
Lirer 14.
Löffler 12. 13.
Lohet 87. 94.
Lotter 40.
Ludwig XIV., König von Frankreich 53.
Luther 46. 65. 78. 82. 90. 92.
Lyser 68.

M.

Mager 51. 55. 56.
Märklin, Merklin, Merkle
  Adam 27. 28.
  Christian 20. 35. 37.
  Claus 23. 24. 27. 28. 29. 36.
  Conrad, Konrad 23. 24.
  Conrad Friedrich 34. 36.
  Eduard 35.
  Egidius 29.
  Ernst Friedrich 35.
  Friedrich August (2) 18. 23. 35. 36. 94.
  Friedrich Jakob (2) 32. 34. 36. 37. 58. 61. 94.
  Jakob Friedrich 35. 37. 94.
  Johann David 36.
  Johann Friedrich (2). 32. 33. 34. 36. 37. 58. 94.
  Lukas 30.
  Markus 30. 36. 37. 94.
  Marquard 24.
  Marx 29.
  Melchior 31. 36. 37. 44.

  Anna, geb. Schentelmajer 24.
  Anna Barbara, geb. Hägelin 30. 31. 37.
  Anna Maria, geb. Bräunlerin 31.
  Anna Maria, geb. Eisenschmied 32.
  Anna Maria, geb. Rümelin 33.
  Christine Katharine, geb. Raith 34. 58. 61.
  Dorothea Gottl., geb. Hiller 34.
  Elslin und Kätherlin 24.

Märklin, Merklin, Merkle
  Friederike, geb. Hoffmann 35.
  Friederike Christine Rosine, geb. Rapp 35. 39.
  Margarethe, geb. Klingler 29.
  Maria, geb. Reuß 32.
  Maria Katharina, geb. Wagner 31. 37.
  Regina Magdalene, geb. Beuerlin 32.
  Susanne Magdalene, geb. Weiß 35.
  Die Märklin von
    Eßlingen 30.
    Freudenstadt
    Plieningen } 32.
    Stuttgart
    Tübingen
Marcoleon 27. 28. 37.
Martin 78.
Martini 82.
Mästlin 26.
Maximilian I., Deutscher Kaiser 49. 73. 80.
Mayer 14. 15.
Melanchthon 28. 30. 38. 65. 78. 82. 90.
Mezger, Calwer, Kalber 47. 51. 52. 53. 57.
Mögling 30. 75. 77. 80. 94.
Morff 18.
Morholb 71.
Moser 69. 72. 73.
Mozer 54.
Müller 24. 27. 43. 54.

N.

Neußer 35.
Neuhäuser 47.
Neundorf 34.

Newton 27.
Nicolai 31. 44. 45. 46. 48. 55. 56. 57. 70.
Nutzbeck 45.

O.
Oekolampadius 90.
Oelenheinz 61. 80 ff. 85. 94.
Oesterreich Erzherzog Ferdinand 25. 29.
Osiander 54. 60. 63.

P.
Pfaff 79.
Plazius 54. 57.
Prenzinger 68.
Prinz 40—43. 44. 55. 56. 94.
Ptolomäus 27.

R.
Raith 58 ff. 71. 74. 80. 82. 85. 94. 96.
Rapp 35. 39. 40. 55. 56. 94.
Raymund, Kardinal 42. 77.
Reihing 85.
Reuchlin 28.
Reuß 19. 33.
Reutter 43.
Reyscher 35.
Rieke 13.
Rieler 47.
Riepp 85.
Rinderbach 31.
Rohrbeck 48.
Römer 29. 31. 33.
Rosenhart 33.
Röser 15.
Rücker 52.
Rudolf II., Teutscher Kaiser 26. 47.

Rudolf, Anna 47.
Rümelin 33. 60. 61 ff. 71. 94.

S.
Sachsen, Kurfürst August 66.
Sattler 46. 47. 48. 51. 55. 56. 57.
Schärtlin 15.
Schauber 42.
Schelz 49.
Schentelmajer 24.
Schetterlin 52. 56.
Schiedmayer 15.
Schloßberger 15.
Schmiblin 64. 93.
Schnarrenberger 31.
Schnepf A. 29. 64. 67. 68. 71. 82. 83. 84. 86. 87. 88. 90. 95. 96.
Schönäugler, Schönnagel 46.
Schübler 17.
Schüz 63.
Schwarz 74 f. 80. 94.
Schweickard 60.
Seckler 11.
Sichard 52.
Sigismund, Kaiser 26.
Spät 51.
Speuer 60.
Spindler 93.
Stammler 84.
Straub 43.
Strigel 87.
Strylin 75.

T.
Tegernau 8.
Tettelbach 76.
Thumb von Neuburg 49. 56.

Thumm, Thumminus 45. 53. 54. 57.
Trautwein 42.
Truchseß 49.
Tycho de Brahe 26. 27.

U.
Uhland 79.

V. (siehe F.)

W.
Wagner 31. 37. 43. 44. 45. 46. 53. 55. 57. 60. 74.
Walbstein, Albrecht, Herzog von Friedland 26.
Walther, genannt Kühorn 50. 55.
Weiß 35.
Weisser 93.
Weißkopf 64.
Welser 85.
Wenzel, König 33.
Wetzel 81. 93.
Widmeyer 76.
Wild 25.
Winzelhäuser 72. 94.
Wirtemberg
  Graf Eberhard II. der Greiner 48. 56.
  Graf Ulrich, Greiners Sohn 56.
  Graf Eberhard III. der Milde 48. 51. 56.
  Graf Ulrich IV. 48.
  Graf Ulrich V. 72.
  Graf Ludwig 24.
  Gräfin Henriette von Mömpelgard 56.
  Herzog Eberhard II. 49. 56. 62.
  Ulrich 14. 24. 28. 29. 42. 49. 51. 53. 54.

55. 56. 57. 68. 71. 72. 76. 78. 86. 90. Wirtemberg. Herzogin Sabina, Herzog Ulrichs Gemahlin 49. 56. Herzog Christoph 52. 53. 57. 64. 65. 68. 73. 91. 92. Ludwig 32. 65. 68.	Wirtemberg. Herzogin Dorothea Ursula von Baden, Herzog Ludwigs Gemahlin 32. Herzog Friedrich I. 30. 47. 67. 73. 79. 95. Eberhard III. 70. Eberhard Ludwig 9. Karl Eugen 9. 10.	Wirtemberg. Herzogin Elisabeth 77. Prinz Paul 16. Wurzelmann 87. 95. Z. Zeller 60. 61. 71. 73—80. 94. 95. Zwingli 78.

In dem Universitätsgebäude zu Tübingen befinden sich die Bilder folgender in vorstehenden Mitteilungen erwähnter Männer: Andreä, Jakob; Beurlin, Jakob; Brenz, Johann jr.; Demler, Anastasius; Enzlin, Matthäus; Harpprecht, Johann; Heerbrand, Jakob; Keller, Georg Heinrich; Mästlin, Michael; Nicolai, Melchior; Osiander, Andreas; Osiander, Johann; Osiander, Johann Adam; Osiander, Lukas; Pfaff, Christoph Matthäus; Raidt, Balthasar; Schnepf, Theoderich; Thumm, Theodor; Varnbüler, Nicolaus; Wagner, Tobias.

S. Rudolf Roth, Imagines professorum Tubingensium. Eine Universitätsschrift von 1869.